职业教育"互联网+"新形态教材

信息产品营销

第3版

主　编　罗绍明　罗明丽
副主编　夏中庆　张　涛
参　编　钟燕萍　徐瑞年　钟　梅

机械工业出版社

本书依据信息产品营销的操作流程进行编写。内容设置上体现"新"和"实"，着重反映行业发展新知识、新技术、新工艺、新方法，以提升教材服务国家产业发展的能力。同时，全面落实立德树人根本任务，构建信息产品营销的职业素养培养体系，将职业素养、思政建设、数字中国建设相关内容以案例形式融入知识体系中，将知识学习、能力培养与素质提升融为一体。

本书内容包括信息产品营销概述、信息产品市场调查、信息产品营销环境、信息产品定位决策、信息产品营销战略、信息产品产品策略、信息产品价格策略、信息产品渠道策略、信息产品促销策略以及信息产品服务策略。

本书可作为职业院校信息产品营销课程的教学用书，也可供信息技术企业的营销人员及对信息产品营销有兴趣和爱好的读者学习、参考。

图书在版编目（CIP）数据

信息产品营销/罗绍明，罗明丽主编． —3版． —北京：机械工业出版社，2024.2

职业教育"互联网+"新形态教材

ISBN 978-7-111-74843-4

Ⅰ．①信… Ⅱ．①罗… ②罗… Ⅲ．①信息产品—产品营销—中等专业学校—教材　Ⅳ．①F724.74

中国国家版本馆CIP数据核字（2024）第046083号

机械工业出版社（北京市百万庄大街22号　邮政编码100037）
策划编辑：邢小兵　　　　　责任编辑：邢小兵
责任校对：龚思文　张　征　　封面设计：王　旭
责任印制：邹　敏
北京富资园科技发展有限公司印刷
2024年4月第3版第1次印刷
184mm×260mm・13.75印张・237千字
标准书号：ISBN 978-7-111-74843-4
定价：45.00元

电话服务　　　　　　　　　网络服务
客服电话：010-88361066　　机　工　官　网：www.cmpbook.com
　　　　　010-88379833　　机　工　官　博：weibo.com/cmp1952
　　　　　010-68326294　　金　书　网：www.golden-book.com
封底无防伪标均为盗版　　　机工教育服务网：www.cmpedu.com

前言

教育是国之大计、党之大计。本书在修订过程中紧紧围绕"培养什么人、怎样培养人、为谁培养人"这一教育根本问题，全面落实立德树人根本任务，强化学生素养教育，明确素养教育目标，将社会主义核心价值观的内容有机融入教学中，不断提升育人效果。本书的主要特点包括：

其一，以习近平新时代中国特色社会主义思想为指导，坚持立德树人根本任务，构建信息产品营销的职业素养培养体系。以职业素养案例引领章节，培育学生诚实守信、严谨认真、脚踏实地、精益求精、责任担当等职业精神和操守，把践行社会主义核心价值观贯穿教育教学全过程，全面推进课程思政。

其二，依据中共中央、国务院2023年2月印发的《数字中国建设整体布局规划》对信息产品营销环境等内容知识进行修订，以知识拓展的形式介绍了数字中国建设整体布局规划的内容。同时，将党的二十大报告内容融入理论知识中，如在科学技术环境知识中融入科技是第一生产力的内容、在自然环境知识中融入绿色发展理念等。

其三，修订和调增了一些更加贴近当前信息产品营销现象的典型案例。本次修订增加了"ChatGPT人工智能对话聊天机器人""对标ChatGPT，百度'文心一言'生成式AI产品""小米手机独特的产品定位""小米MIUI口碑营销""京东坚守正道成功，以为社会创造价值为己任"等案例，丰富了教材的内容，也便于学习者理解与应用相关知识。

其四，本书在此次修订中新增了数字微课（以二维码形式插入教材）、拓展资料包等资源，加上电子课件、习题及答案等，让配套资源更加丰富、立体，打通线上线下，助力教师进行混合式教学。相关资源可登录机工教育服务网（www.cmpedu.com）免费下载或入群（QQ群号：726174087）索取。

本书可作为职业院校信息产品营销课程的教学用书，也可供信息技术企业的营销人员及对信息产品营销有兴趣和爱好的读者学习、参考。

本书由汕头市鮀滨职业技术学校罗绍明、江西应用科技学院罗明丽任主编，沧州幼儿师范高等专科学校夏中庆、东莞理工学校张涛任副主编，参编人员还有惠州工程职业学院钟燕萍、成都工业职业技术学院徐瑞年、成都市郫都区友爱职业技术学校钟梅。其中，罗绍明修订第1章、罗明丽修订第2～4章、夏中庆修订第5～6章、张涛修订第7～8章、钟燕萍修订第9章、徐瑞年和钟梅修订第10章，全书由罗绍明统稿。

本书在编写出版过程中，参阅了大量文献与网站资料，在此对有关资料的编辑和著作者致以诚挚的感谢！

由于编著者水平有限，本书中的缺点与不成熟之处在所难免，恳请读者批评指正并提出意见与建议。来信请寄：2310325424@qq.com。

编　者
2023年8月

本书结构导图

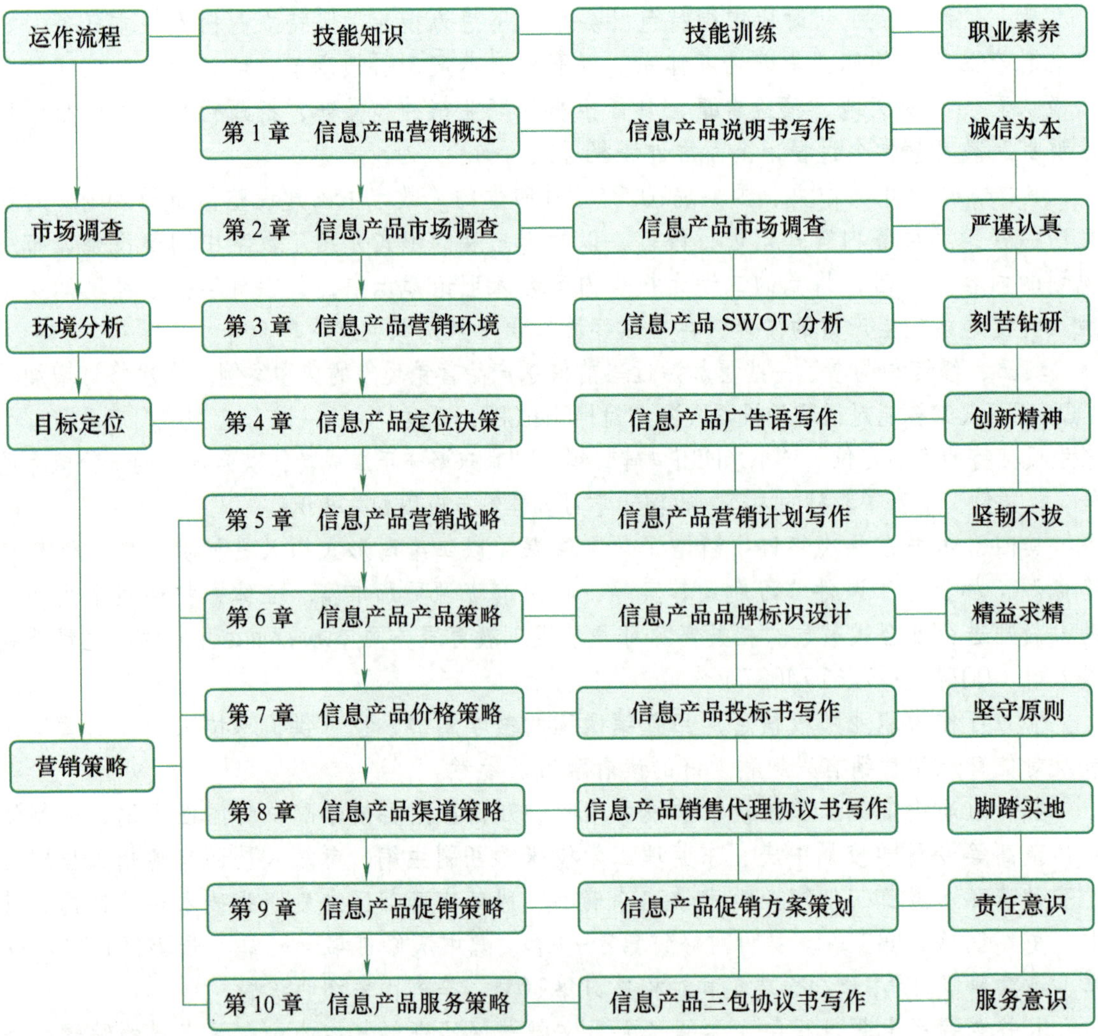

运作流程	技能知识	技能训练	职业素养
	第1章 信息产品营销概述	信息产品说明书写作	诚信为本
市场调查	第2章 信息产品市场调查	信息产品市场调查	严谨认真
环境分析	第3章 信息产品营销环境	信息产品SWOT分析	刻苦钻研
目标定位	第4章 信息产品定位决策	信息产品广告语写作	创新精神
	第5章 信息产品营销战略	信息产品营销计划写作	坚韧不拔
	第6章 信息产品产品策略	信息产品品牌标识设计	精益求精
	第7章 信息产品价格策略	信息产品投标书写作	坚守原则
营销策略	第8章 信息产品渠道策略	信息产品销售代理协议书写作	脚踏实地
	第9章 信息产品促销策略	信息产品促销方案策划	责任意识
	第10章 信息产品服务策略	信息产品三包协议书写作	服务意识

二维码索引

序号	名称	图形	页码	序号	名称	图形	页码
微课01	信息产品的特征		8	微课06	信息产品消费需求的特征		60
微课02	信息产品市场的特征		10	微课07	信息产品品牌管理要素		104
微课03	信息产品营销的特征		12	微课08	信息产品促销的导向		162
微课04	信息产品营销意识		15	微课09	口碑营销的基本要素		195
微课05	信息产品SWOT的含义		58	微课10	体验营销的概念		198

目录

前言

本书结构导图

二维码索引

第1章　信息产品营销概述　/1

学习目标　/1

重点难点　/1

情智故事：诚信的代价　/2

1.1　信息产品概述　/2

1.2　信息产品营销特征与模式　/11

1.3　信息产品营销意识与观念　/15

知识训练　/24

技能训练：信息产品说明书写作　/25

第2章　信息产品市场调查　/27

学习目标　/27

重点难点　/27

情智故事：丰子恺的严谨认真　/28

2.1　信息产品调查概述　/28

2.2　信息产品调查设计　/32

知识训练　/43

技能训练：信息产品市场调查　/45

第3章　信息产品营销环境　/47

学习目标　/47

重点难点　/47

情智故事：差了0.1公分　/48

3.1　信息产品营销环境分析　/48

3.2　信息产品购买行为分析　/59

知识训练　/64

技能训练：信息产品SWOT分析　/66

目录

第4章　信息产品定位决策　/ 67

学习目标　/ 67

重点难点　/ 67

情智故事：小一号的简历　/ 68

4.1　信息产品市场细分　/ 68

4.2　信息产品定位决策　/ 72

知识训练　/ 77

技能训练：信息产品广告语写作　/ 78

第5章　信息产品营销战略　/ 79

学习目标　/ 79

重点难点　/ 79

情智故事：刘湘宾——坚韧不拔，决不退缩　/ 80

5.1　信息产品营销战略概述　/ 80

5.2　信息产品营销计划制订　/ 88

知识训练　/ 93

技能训练：信息产品营销计划写作　/ 95

第6章　信息产品产品策略　/ 97

学习目标　/ 97

重点难点　/ 97

情智故事：二十大代表风采——把平凡的工作做到极致就是不平凡　/ 98

6.1　信息产品整体概念　/ 98

6.2　信息产品品牌策略　/ 101

6.3　信息产品开发策略　/ 105

知识训练　/ 112

技能训练：信息产品品牌标识设计　/ 113

第7章　信息产品价格策略　/ 115

学习目标　/ 115

重点难点　/ 115

情智故事：陈俊武院士的严于律己　/ 116

7.1　信息产品定价概述　/ 116

7.2　信息产品定价策略　/ 123

7.3　信息产品调价策略　/ 129

知识训练 / 131
技能训练：信息产品投标书写作 / 132

第 8 章 信息产品渠道策略 / 139

学习目标 / 139
重点难点 / 139
情智故事：许居衍——脚踏实地，攻坚克难 / 140
8.1 信息产品渠道概述 / 140
8.2 信息产品渠道管理 / 149
知识训练 / 156
技能训练：信息产品销售代理协议书写作 / 158

第 9 章 信息产品促销策略 / 159

学习目标 / 159
重点难点 / 159
情智故事：吴孟超——勇于担当为病人 / 160
9.1 信息产品促销概述 / 160
9.2 信息产品人员推销策略 / 165
9.3 信息产品广告策略 / 170
9.4 信息产品营业推广策略 / 175
9.5 信息产品公共关系策略 / 180
知识训练 / 184
技能训练：信息产品促销方案策划 / 186

第 10 章 信息产品服务策略 / 187

学习目标 / 187
重点难点 / 187
情智故事：郑鹏——奋斗者正青春，倾情服务暖人心 / 188
10.1 信息产品服务营销 / 189
10.2 信息产品口碑营销 / 195
10.3 信息产品体验营销 / 198
10.4 信息企业客户服务 / 201
知识训练 / 206
技能训练：信息产品三包协议书写作 / 208

第1章　信息产品营销概述

学习目标

1. 知识目标

（1）能叙述和列举信息与信息技术的概念和特点。
（2）能熟记和列举信息产品的概念和特征。
（3）能叙述和列举信息产品市场的概念和特点。
（4）能熟记和列举信息产品营销的概念和特征。
（5）能叙述和应用信息产品保龄球营销模式。
（6）能熟记和列举信息产品营销的意识与观念。

2. 能力目标

（1）能综合运用本章知识剖析现实案例。
（2）能依据案例背景撰写信息产品说明书。
（3）能撰写信息产品说明书技能训练报告。

3. 素质目标

以诚信为本、操守为重，讲究信用，注重质量和信誉。

重点难点

1. 信息产品营销的特征。
2. 信息产品保龄球营销模式。
3. 信息产品营销的意识与观念。
4. 信息产品说明书的书写。

情智故事

诚信的代价

小李的工作是为别人加工剧本,接到剧本,就一个人在家里认真花心思修改、润色。小李精心加工的剧本赢得了合作方的好评,渐渐地接到了更多的邀请,报酬也高了起来。

随着剧本加工量的增加,小李成立了自己的剧本加工工作室,雇了两名写手,剧本加工的工作主要交由写手完成,自己指点一下便做起了甩手掌柜。小李感觉很得意,既把钱赚了,自己又不累,合作方还挑不出毛病。

好日子没过多久,小李发现找他加工剧本的人越来越少了。他打电话给一个以前的合作方,看看有没有剧本要他加工。合作方说:"我们一开始合作,对你加工后的剧本非常满意,编剧、导演、制片人都很认可,可是后来不知道为什么,两个剧本加工质量都很差,连累我都被骂,只能找别人合作了。"合作方不知道小李雇人加工剧本的事情,只不过,加工后的剧本不会撒谎,小李追悔莫及。

情智点评:"要想人不知,除非己莫为。"不诚信的行为,可能会占点小便宜,但长远来看肯定会吃大亏。诚信是人立身处事成败的关键。信息产品企业营销人员开展市场营销活动务必坚持诚实无欺,注重质量和信誉,以诚信态度赢得顾客的信任。

1.1 信息产品概述

1.1.1 信息的含义与特征

1. 信息的含义

当今社会已进入日新月异的信息时代,信息已经被广泛渗透到社会生活的各个领域。在实际生活与工作中,人们往往将数据和信息两个术语当作意义相同的词来用,如数据处理和信息处理等,但严格来说,数据和信息在概念上是有所区别的。

数据,是指用来反映客观事物的性质、属性,以及相互关系的任何字符、数字和图形。数据是一种原始记录,没有经过加工的数据是粗糙的、杂乱的,但是它是真实的、可靠的、有积累价值的。

信息，是客观事物的内容、形式、事物之间的联系及其发展变化的反映，是经过加工处理后变为对人们制定决策有价值的数据。如：某日的气温，当它仅仅被记录下来时，它只是数据；而当它经人们分析处理，或与以前一段时期的气温数据比较，而为人们制定当日或今后的行动方案服务时，这一气温数据就成了信息。

 知识拓展 1-1　数字中国建设

2023 年 2 月 28 日，中共中央、国务院印发了《数字中国建设整体布局规划》（以下简称《规划》），《规划》指出，建设数字中国是数字时代推进中国式现代化的重要引擎，是构筑国家竞争新优势的有力支撑。加快数字中国建设，对全面建设社会主义现代化国家、全面推进中华民族伟大复兴具有重要意义和深远影响。

《规划》指出，要夯实数字中国建设基础，全面赋能经济社会发展，强化数字中国关键能力，加强整体谋划、统筹推进，把各项任务落到实处。《规划》提出，到 2035 年，数字化发展水平进入世界前列，数字中国建设取得重大成就。数字中国建设体系化布局更加科学完备，经济、政治、文化、社会、生态文明建设各领域数字化发展更加协调充分，有力支撑全面建设社会主义现代化国家。

2. 信息的类型

信息的外延特征就是信息的各种类型，是对信息概念的进一步形象化描述。信息按照不同的分类标准，可以划分为不同的类型。

1）按照信息的广义内涵，可分为自然信息和社会信息两大类。自然信息，是指自然界客观存在的各种生物信息和非生命物质的物理信息。社会信息，是指人类在社会实践中，为生存、生产和社会发展而产生、处理和利用的各种信息。

2）按照信息的层次性，可分为战略信息、战术信息和作业信息。

3）按照信息的应用领域，可分为经济信息、管理信息、科技信息、政务信息和军事信息等。其中，经济信息，是指在生产、流通、消费、分配等经济活动过程中形成的各种信息，包括生产经营信息、商业贸易信息、金融投资信息、市场需求信息等信息。管理信息，是指各行业各个层次管理与决策活动所需要的信息，包括人事、工资、计划、财务、统计、社会和政治等多方面的内容和信息。科技信息，是指与科技、技术有关的信息。

4）按照信息的加工顺序，可分为一次信息、二次信息和三次信息。一次信息，也称原始信息，是指客观事件的第一记录，即现实中所发生事件的原始记录。一次信息是大量的、零星的、分散的、无规则的。二次信息，是指对一次信息加工处理后得到的信息。这种信息已呈现出有序、有规则的特征，易于存储、检索、传递和使用，有较高的使用价值，如文摘期刊、索引期刊和简报等。三次信息，是指通过对二次信息提供的线索对某一范围内的一次信息、二次信息进行分析、综合研究、核算加工所生成的信息，是人们深入研究的结晶。典型的三次信息包括综述、专题报告、词典、年鉴等。

5) 按照信息的表现形式，可分为文本信息、数字信息、图片信息、声音信息和多媒体信息等。其中，数字信息，是指用数字形式表现的信息。信息数字化就是将许多复杂多变的信息转变为可以度量的数字、数据，再以这些数字、数据建立起适当的数字化模型，把它们转变为一系列二进制代码，引入到计算机内部，进行统一处理。

3. 信息的特征

1) 客观性。信息是事物在现实世界中存在和变化的客观反映。只有真实反映事物本来面貌的信息才具有使用价值。

2) 价值性。信息具有使用价值，能够满足人们某些方面的需求，被人们用来为社会服务。信息是一种资源，它同能源、原材料并列为当今世界三大资源。

3) 时效性。信息是有时效的，有一个生命周期。它的使用价值与其所提供的时间成反比，即信息生成后，提供的时间越早，它的使用价值就越大。

4) 层次性。信息的层次性，是与信息管理系统的层次相适应的。根据管理系统层次的不同，信息可分为战略层信息、战术层信息和执行（作业）层信息，各层次的信息对企业决策的重要程度是不同的。

5) 可识别性。信息是可以识别的，信息借助于文字、图像、声音、动画等形式表现出来，为人们听、视、触觉所感知，为人们所认识和利用。

6) 可分享性。信息与物质资源不同，具有无磨损性，不会消失，不会因交易、利用而失去或减少，相反，由于信息的传递、反馈和利用，信息的内容将不断丰富。

7) 可存储性。信息可以通过一定的载体存储起来，如 U 盘、硬盘等。信息的可存储性使信息可以积累，以便今后使用，从而使信息被保留和继承。

8) 可传输性。信息可以通过各种传输手段向外传输，如通信手段、网络手段等。信息传输的快慢直接影响到信息的使用价值。随着信息技术的不断发展，信息传输速度也在飞速提高，从某种意义上来说，信息传输技术的发展决定了人类文明和社会发展的进程。

9）可转换性。信息可以从一种形态转换成另一种形态，如对客观事物的描述可以用语言、文字、图像、声音等形式来描述，也可以转换成计算机代码及广播、电视、电话信号等。

10）可再生性。随着时间的延长，信息的使用价值逐渐减少甚至完全消失，但是信息在不同的时间、地点和目的下又会具有不同的意义，从而显示出新的使用价值。已失去原有价值的信息经过加工处理后可以得到具有新的使用价值的信息，因此说，信息是一种可以不断再生的资源。

1.1.2　信息技术与信息产业

1. 信息技术的含义

信息技术（Information Technology，简称 IT），是指主要用于管理和处理信息所采用的各种技术的总称。信息技术包括微电子技术、光电子技术、计算机技术、通信技术、辐射成像技术、高清晰度显示技术等，其中，计算机技术和通信技术是信息技术的两大支柱，起着核心作用。

2021 年，工业和信息化部印发《"十四五"软件和信息技术服务业发展规划》（以下简称《规划》），《规划》指出："驱动云计算、大数据、人工智能、5G、区块链、工业互联网、量子计算等新一代信息技术迭代创新、群体突破，加快数字产业化步伐。""加快培育云计算、大数据、人工智能、5G、区块链、工业互联网等领域具有国际竞争力的软件技术和产品。支持小程序、快应用等新型轻量化平台发展。加快第六代移动通信（6G）、量子信息、卫星互联网、类脑智能等前沿领域软件技术研发，培育一批标志性产品。"

2. 信息产业的含义

信息产业，一般指以信息为资源、信息技术为基础，进行信息资源的研究、开发和应用，以及对信息进行收集、生产、处理、传递、存储和经营活动，为经济发展及社会进步提供有效服务的综合性的生产和经营活动的行业。

我国对信息产业的分类没有统一规定，一般可认为包括七个方面：①微电子产品的生产与销售；②电子计算机、终端设备及其配套的各种软件、硬件的开发、研究和销售；③各种信息材料产业；④信息服务业，包括信息数据、检索、查询、商务咨询；⑤通信业，包括无线电、电报、电话、计算机网络通信邮政等；⑥与各种制造业有关的信息技术；⑦大众传播媒介的娱乐节目及图书情报等。

3. 信息技术的作用

1) 信息技术成为带动经济增长的引擎。

随着信息化在全球的快速进展，世界对信息的需求快速增长，信息产品和信息服务对于各个国家、地区、企业、家庭、个人都不可缺少。信息技术已成为支撑当今经济活动和社会生活的基石。在这种情况下，信息产业成为世界各国，特别是发达国家竞相投资、重点发展的战略性产业部门。在过去的十年中，信息设备制造业和服务业已成为带动经济增长的关键产业。

> **案例 1-1** 2022 年我国数字经济规模达 50.2 万亿元
>
> 2023 年 5 月 23 日，国家互联网信息办公室发布《数字中国发展报告（2022 年）》（以下简称《报告》）《报告》显示，2022 年数字中国建设取得显著成效，其中，数字经济成为稳增长促转型的重要引擎。
>
> 《报告》指出，2022 年，我国数字经济规模达 50.2 万亿元，总量稳居世界第二，同比增长 10.3%，占国内生产总值比重提升至 41.5%。
>
> 数字产业规模稳步增长，电子信息制造业实现营业收入 15.4 万亿元，同比增长 5.5%；软件业务收入达 10.81 万亿元，同比增长 11.2%；工业互联网核心产业规模超 1.2 万亿元，同比增长 15.5%。
>
> 数字技术和实体经济融合深入推进。农业数字化加快向全产业链延伸，农业生产信息化率超过 25%。全国网上零售额达 13.79 万亿元，其中实物商品网上零售额占社会消费品零售总额的比重达 27.2%，创历史新高。数字企业创新发展动能不断增强。我国市值排名前 100 的互联网企业总研发投入达 3384 亿元，同比增长 9.1%。科创板、创业板已上市战略性新兴产业企业中，数字领域相关企业占比分别接近 40% 和 35%。

2) 信息技术推动传统产业的技术升级。

信息技术代表着当今先进生产力的发展方向，信息技术的广泛应用使信息的重要生产要素和战略资源的作用得以发挥，使人们能更高效地进行资源优化配置，从而推动传统产业不断升级，提高社会劳动生产率和社会运行效率。

就传统的工业企业而言，信息技术在以下几个层面推动着企业升级：①将信息技术嵌入到传统的机械、仪表产品中，促进产品的"智能化""网络化"，是实现产品升级换代的重要方向。这项工作往往被称为"机电一体化"；②计算机辅助设计技术、网络设计技术可显著提高企业的技术创新能力；③利用计算机辅助制造技术或工业过程控制技术实现对产品制造过程的自动控制，可明显提高生产效率、产品质量和成品率；④利用信息系统实现企业经营管理的科学化，统一整合调配企业人力物力和资金等资源，实现整体优化；⑤利用互联网开展电子商务，进行供应链和客户关系管理，促使企业经营思想和经营方式的升级，可提高企业的市场竞争力和经济效益。

3）信息技术促进人类文明的进步。

信息技术在全球的广泛使用，不仅深刻地影响着经济结构与经济效率，而且作为先进生产力的代表，对社会文化和精神文明产生着深刻的影响。

信息技术推动传统教育方式发生着深刻变化。人工智能技术、多媒体技术、虚拟现实技术和远程教育技术以及信息载体的多样性，使学习者可以克服时空障碍，更加主动地安排自己的学习时间和速度。另外，信息网络为各种思想文化的传播，提供了更加便捷的渠道，大量的信息通过网络渗入到社会各个角落，成为当今文化传播的重要手段。电子出版打破了以往信息媒体纸介质一统天下的局面。多媒体技术的应用和交互式界面的采用为文化、艺术、科技的普及开辟了广阔前景。网络改变着人与人之间的交往方式，改变着人们的工作方式和生活方式，也就必然会对文化的发展产生深远的影响，一种新的适应网络时代和信息经济的先进文化将逐渐形成。

知识拓展 1-2 数字经济、信息经济与知识经济

数字经济：是以数据资源为关键要素，以现代信息网络为主要载体，以信息通信技术融合应用、全要素数字化转型为重要推动力，促进公平与效率更加统一的新经济形态。数字经济，作为一个内涵比较宽泛的概念，凡是直接或间接利用数据来引导资源发挥作用，推动生产力发展的经济形态都可以纳入其范畴。在技术层面，包括大数据、云计算、物联网、区块链、人工智能、5G通信等新兴技术。

信息经济：是以现代信息技术等高科技为物质基础，信息产业起主导作用的，基于信息、知识、智力的一种新型经济。在信息经济中，居重要地位的是芯片、集成电路、电脑的硬件和软件、光纤光缆、卫星通信和移动通信、数据传输、信息网络与信息服务、新材料、新能源、生物工程、环境保护、航天与海洋等新兴产业部门。

知识经济：是以现代科学技术为基础，建立在知识和信息的生产、存储、使用和消费之上的经济。知识经济是一种基于最新科技和人类知识精华的经济形态，它是在工业经济和信息经济基础上发展起来的，是以知识的生产、传播、转让和使用为其主要活动的经济。

1.1.3 信息产品的含义与特征

1. 信息产品的含义

产品，是指能够提供给市场以满足顾客需要和欲望的任何东西。信息产品，是一种信息和技术密集型的产品，是利用信息技术和信息处理的创新手段，生产制造和提供的能满足人们某种需要和欲望的东西。

2. 信息产品的类型

信息产品的类型很多，依据不同的分类标准，可划分为不同的类别。

1）依据产品形式，信息产品可分为硬件产品、软件产品和服务产品。

硬件产品，主要指由电子器件、磁介质和机械装置组成的信息产品。一般包括卫星通信设备、计算机、光纤通信设备、电话网络、无线电通信设备、移动电话等信息技术硬件产品。

软件产品，主要指为方便人们使用硬件产品和有效发挥信息技术的作用而设计的各种程序。一般包括特色数据库、计算机软件、视频、音频等信息技术软件产品。

服务产品，主要指为了方便人们检索资料、获取知识和娱乐等而提供的各种服务性信息产品。一般包括在线咨询、在线交流、搜索引擎等信息产品。

2）依据产品技术内容，信息产品可分为多媒体技术产品、数据存储与处理技术产品、数据传输技术产品以及其他技术产品。

3. 信息产品的特征

1）高技术性。高技术性，是指信息产品的技术含量较高。信息产品具有较高的科技含量，大多属于创新型产品，其单位产品生产成本中研究与开发成本占有较大的比重。信息产品不仅其生产制造是高新技术的凝结，而且其操作使用本身也带有较强的专业性和技术性，需要经过专门的训练，维修和保养也较一般产品复杂，技术要求高。

微课 01
信息产品的特征

2）高渗透性。信息产品的高渗透性，是指信息产品能快速地渗透到传统产业中，传统产业通过利用信息技术，实现产业内部的升级改造，促进了传统产业的自动化，极大地提高了传统产业的发展速度和效能。

3）高附加值。由于信息产品大量采用新技术、新工艺、新材料和新设备，因而大大降低了产品的生产成本，给企业留下了巨大的利润空间，所凝结的知识价值、服务价值、文化价值等无形价值远远超过其物质实体本身的价值。

4）高风险性。高风险性，是指信息产品研制成功以及市场开拓成功的不确定性较大。信息产品的研制开发和市场拓展需要大量的时间和资金投入，而其研究开发的成功率相对较低，具有较高的技术风险、市场风险、资金风险、管理风险和政策风险。

5）低认知度。由于信息产品是具有新、奇、特的创新产品，消费者对其了解的程度较之一般产品要低，也可能存在各种疑虑，因而一般难于很快为消费者所接受，其进入市场的壁垒相对较高。大多数信息产品都需要通过与潜在客户的交流，使其对产品有了足够的了解后，才会被用户接受。

6）短周期性。短周期性，是指信息产品的产品生命周期较短。这是信息产品的一个重要特征。由于信息技术更新换代速度快，以及技术创新的"聚合效应"和"累积效应"，信息产品非常容易变旧，很容易被新的信息产品所替代。

知识拓展 1-3　产品生命周期

产品生命周期，是指产品从进入市场到最终退出市场的整个销售历史。它是指产品的市场寿命或经济寿命周期，即产品在市场上生存的时间，其寿命的长短主要由市场因素来决定，如技术发展水平、产品更新换代速度、竞争激烈程度等。它与产品使用寿命是两个完全不同的概念。

产品使用寿命，也称产品自然寿命，是指产品从投入使用开始直至报废所经历的时间。其寿命的长短受产品的自然属性、使用强度、维修保养程度以及自然磨损等因素的影响。产品生命周期与产品使用寿命之间不存在直接的相关关系。一般来说，信息产品的生命周期短于其使用寿命。

产品生命周期包括四个阶段，即导入期、成长期、成熟期、衰退期。其中，导入期是指产品刚刚进入市场，处于向市场推广介绍的阶段；成长期是指产品已为市场上的消费者所接受，销售量迅速增加的阶段；成熟期是指产品在市场上已经普及，市场容量基本达到饱和，销售量变动较少的阶段；衰退期是指产品已经过时，为新的更受市场欢迎的产品所替代，销售量迅速下降的阶段。

1.1.4　信息产品市场的含义与特征

1. 信息产品市场的含义

信息产品市场，是指信息产品的现实购买者与潜在购买者需求的总和。信息产品市场由三个要素构成：人口、购买力和购买欲望。

人口，是指信息产品现实购买者与潜在购买者数量的多少。人口的多少决定着市场容量的大小。购买力，是指信息产品消费者支付货币购买信息产品的能力。在人口既定的条件下，市场的大小直接取决于购买力的大小。购买欲望，是指信息产品消费者购买信息产品的愿望、要求和动机。购买欲望是把消费者的潜在购买力转变为现实购买力的重要条件。

2. 信息产品市场的特征

1）市场高竞争性。信息技术的日新月异使得以技术创新为基础的信息产品市场注定是一个高竞争的市场。在创新的推动下，信息技术领域不断推陈出新，没有一项技术具有永久的竞争力，因此，信息技术企业必须拥有自己的专利和核心技术，不断创新，提高产品的技术附加值。

微课02
信息产品市场
的特征

2）市场引导性。信息产品，尤其是具有划时代创新意义的信息产品，技术含量高，又具有较强的超前性，消费者对其效用、性能和特点不了解，不能很快将产品同当时的生活方式和需求相联系。因此，信息技术企业必须帮助消费者认识和了解产品，以创造性营销理念为指导，尽可能刺激和创造产品的初始需求，唤醒和开发消费者的潜在需求，创造市场和引导市场。

3）市场联动性。市场联动性，是指在信息产品市场推进的过程中，信息产品的需求依赖于相关配套产品和技术的支持。信息产品的技术含量越高，则对相关技术和配套产品的依赖性越强；相关技术支持和配套产品发展越成熟，则信息产品市场推广成功的可能性越大。

4）市场微型化。信息化时代，各个消费者都期望信息技术企业能为其特殊需求提供相应的产品和服务，同质化市场的数量将越来越少，其容量也将越来越小；而异质化市场的数量将急剧增加，但规模将变小，市场日趋微型化。

5）市场全球化。在社会发展、技术进步的进程中，尤其是信息技术不断发展的今天，偌大的地球将跨越时空的障碍，成为信息共享的"地球村"，各国消费者与企业的沟通变得更加方便、更加容易、更加频繁，对商品和服务的期望与需求将趋同化。趋同化的需求将创造出趋同化的供应机会，各个信息技术企业都将面临全球化的市场。

1.2 信息产品营销特征与模式

1.2.1 信息产品营销的概念

信息产品营销，是指信息技术企业从消费者需求出发，综合运用各种科学的营销策略，把信息产品及其服务整体地销售给消费者，尽可能满足他们的需求，并最终实现企业自身的生存和发展目标。信息产品营销有以下四条互相关联的经营原则：

1）顾客导向。顾客导向，是指信息技术企业营销活动的出发点是顾客需求，所有的营销策划都必须以满足顾客需求为目的的经营理念。

2）目标市场。目标市场，是指信息技术企业依据市场细分方法，把总体市场区分为多个需求特征不同的子市场，然后选择其中的一个或少数几个子市场作为企业的营销市场，为之设计专门化的信息产品，进行针对性的营销。

3）整体营销。整体营销，是指信息技术企业在从事市场营销活动时必须利用多方位的综合性策略，在产品设计、包装、品牌、定价、财务、销售、公关、分销渠道、仓储运输及促销等多方面均需认真制定相互联系、统一规划的整体性策略。

4）利益远景。利益远景，是指信息技术企业应以追求企业的长期利益为经营原则。企业追求的不应是一时一地的产品利润，而是通过长期行为，获得长期生存发展与长远利益。

1.2.2 信息产品营销的基准与特征

1. 信息产品营销的基准

信息产品营销基准，是指信息产品营销的前提条件和依据。信息产品营销在技术选择、开发和应用方面，以及在市场需求规模、成长速度和消费者需求特征方面，存在着比较大的不确定性，这将成为信息产品营销的基准，具体表现为两个方面：技术的不确定性和市场的不确定性。

（1）技术的不确定性

技术的不确定性，是指信息技术的衍生性强、应用前景广、涉及领域多，其需求潜量取决于技术衍生的广度和深度，在研发和投入初期难以预测其前景。造成信息产品技术不确定性的原因主要有：①缺乏技术可靠性的充分信息；②缺乏信息产品性能绩效的信息；③技术容易被取代；④信息技术选择困难。

（2）市场的不确定性

市场的不确定性，是指信息产品生产企业对于其信息产品所需要满足的消费者的需求类型和程度、市场规模、市场成长速度等很难准确判断和预测。造成信息产品市场不确定性的原因主要有：①消费者对于技术的潜在效用和利益无法肯定；②技术革新的推广速度和潜在市场规模难以预测；③市场边界不易确定；④行业技术标准尚未建立和确定。

 案例 1-2　ChatGPT 人工智能对话聊天机器人

ChatGPT 是由人工智能研究实验室 OpenAI 在 2022 年 11 月 30 日发布的全新聊天机器人模型，它是 OpenAI 新推出的一种人工智能技术驱动的自然语言处理工具，它能够通过学习和理解人类的语言来进行对话，还能根据聊天的上下文进行互动，真正像人类一样来聊天交流，甚至能完成撰写邮件、视频脚本、文案、翻译、代码等任务。

ChatGPT 使用了 Transformer 神经网络架构，也是 GPT-3.5 架构，这是一种用于处理序列数据的模型，拥有语言理解和文本生成能力，尤其是它会通过连接大量的语料库来训练模型，这些语料库包含了真实世界中的对话，使得 ChatGPT 具备"上知天文、下知地理"的能力，还能根据聊天的上下文进行互动，做到与真正人类几乎无异的聊天场景交流。

人工智能对话聊天机器人 ChatGPT 一经推出，迅速在社交媒体上走红，短短 5 天，注册用户数就超过 100 万。ChatGPT 受到关注的重要原因是引入新技术 RLHF （Reinforcement Learning from Human Feedback，即基于人类反馈的强化学习）。RLHF 解决了生成模型的一个核心问题，即如何让人工智能模型的产出和人类的常识、认知、需求、价值观保持一致。ChatGPT 是 AIGC（AI-Generated Content，人工智能生成内容）技术进展的成果。该模型能够促进利用人工智能进行内容创作、提升内容生产效率与丰富度。

2．信息产品营销的特征

1）产品的创新性。

产品创新，是指研究开发和生产出更好的满足顾客需求的产品，使其性能更好，外观更美，使用更便捷、更安全，总费用更低，更符合环境保护的要求，从而提升产品与服务的价值。

微课 03
信息产品营销的特征

对于信息技术企业而言，如果不能领先于竞争对手推出更新的产品，或者紧跟竞争对手所开发的新产品推出改进型的新产品，则企业的生存能力就会面临着极大的挑战。因此，创新能力关系着信息技术企业的生死存亡。另外，信息产品所具有的创新特质决定了大多数消费者认识不到其独有特征、效用、性能以及其潜在需求，因此信息产品营销的首要任务是帮助消费者认识新产品的独特功效，接纳信息产品所发明的新概念、新知识及新的生活方式，并将产品的科学价值、技术价值转化为同消费者需求密切相连的使用价值。

2）生产的规模性。

生产的规模性，即指信息产品具有规模经济性。规模经济，是指由于生产规模的扩大，从而引起单位产品成本降低，利润总量增加的状况。信息产品的生产固定成本很高，且绝大部分是沉没成本（沉没成本是指由于过去决策结果而引起并已经实际支付过款项的成本），这些成本必须在生产开始之前预付，生产一旦停止就无法收回，但其生产的可变成本较少。这种特殊的成本结构显示出信息产品具有巨大的规模经济性，产品生产量越多，产品的平均成本就越低，企业的经济效益就越好。

3）价格的高档性。

一方面，信息产品较传统产品更先进、更新颖，在功能上有明显的优势，具有较高的技术含量和附加价值，使产品在定价上具有高档性；另一方面，信息产品投入大、成本高、更新换代快，必须以高价格才能满足其开发生产的要求。

4）渠道的独特性。

信息技术企业的渠道创新，一方面，表现为信息技术企业注重渠道成员的协同。协同，体现了渠道成员之间不仅是伙伴关系，更是一个利益共同体，各渠道成员在共同利益的前提下，以整体营销战略为中心，进行市场运作，维持渠道的长期稳定发展，它表达了1+1>2的理念。另一方面，表现为信息技术企业注重产品的直营。信息产品的复杂性和专业性，要求信息技术企业有相应的人员和机构从事这种复杂而专业的销售工作，直营就成为信息技术企业首选的推广方式。

案例1-3　小米手机互联网电商的销售模式

小米公司运用互联网的思维和方式销售智能手机，小米手机的销售渠道以电子商务模式为主，其余则是通过与联通、电信等运营商合作渠道销售。与传统终端厂商相比减少了更多的流通环节，大大节省了线下的仓储、渠道等成本，使小米轻装上阵，这是其发展成功的重要因素之一。

小米手机电子商务的销售模式是互联网公司所具有的鲜明特色，为终端厂商的销售模式带来了一定的借鉴意义；同时由于小米的成功，也促使众多互联网公司纷纷加入智能手机市场。

5）促销的主流性。

在信息经济时代中，由于人们的心理反应和行为惯性，在一定条件下，优势或劣势一旦出现并达到一定程度，就会导致不断加剧而且自行强化，出现"强者更强，弱者更弱"的垄断局面，这就是人们常说的马太效应。马太效应反映了信息经济时代企业竞争中一个重要因素——主流化。一种产品在市场上占有主流地位，则意味着该产品将主导着消费需求，将可快速形成巨大的市场占有率，赢得最大的市场份额，并且锁定特定的顾客群，使之成为企业的长期顾客。

1.2.3 信息产品营销模式

1. 保龄球营销模式的思路

营销模式，是指企业对其在生产运营过程中涉及的各种资源进行组织整合的方式。信息产品由于产品的科技含量高、更新换代快，以及消费者对信息产品认识不足和缺乏消费经验，造成信息产品市场营销环境充满风险和不确定性。信息技术企业的营销人员无法按照常规预测和把握该市场对新产品的需求特征和相关数据，无法按常规的模式与方法进行市场的开拓。企业只能先开发一个较成熟的细分市场，同时影响另一个细分市场，然后再开发一个市场，如此渐进而行，使企业的产品和市场共同得到发展，这就是信息产品营销新模式——"保龄球营销模式"。

保龄球营销模式的基本思路是：当新产品开发出来后，企业不应希望其产品立即获得大众市场的认可，而是应先考虑产品在哪一个细分市场上能为消费者带来巨大的效用或利益，通过寻找或创造这个目标市场，并在这个市场上提供能使双方都得益的产品（或服务），从而获得企业的第一个立足市场（第一个保龄球）。通过这个市场上的用户的口碑传播和示范效应，与这个市场相关的其他潜在消费者就会迅速成为企业的现实消费者。同时，在市场不断扩大的过程中，企业就可以不断建立与之相关的其他立足市场，从而形成连锁反应，最终达到扩大市场的目的。

2. 保龄球营销模式的应用

在保龄球营销模式中，第一个保龄球代表着产品的第一个立足市场，其他保龄球都是从第一个保龄球派生出来的。该模式强调在立足第一个细分市场以后，要充分利用消费者的口碑传播和示范效应，特别是要在一个立足市场上进行纵深发展，获得较高的市场声誉，只有这样才能获得最忠实的顾客群体，才能有效地开拓其他细分市场。

1)保证"击中第一个保龄球"。

在企业产品鲜为人知的时候,最有效的途径就是为产品树立一个样板。因此,企业必须集中优势力量,寻找和创造第一个细分市场,并成功地立足该细分市场。

2)在第一个立足市场占据领先地位。

进入第一个目标市场后,接下来的任务就是要为产品获取声誉,只有拥有较高的声誉,才能引起潜在消费者的注意,也才有"撞倒"其他保龄球的可能性。为此,占据第一个立足市场的领先地位成为营销的重点与目标。

3)其他被"撞倒"的市场要具有联动性。

保龄球营销模式的一个突出特点就是通过用户的口碑传播和示范效应来扩大市场,要做到这一点,前提条件是各个市场的用户相互之间有联系,能够通过正常的渠道传递所使用产品的信息。

4)"一个一个撞倒"的渐进原则。

保龄球营销模式要求企业在进行市场开发的时候,要视市场的成熟程度,一个一个渐进式地进行开发。企业只能先开发较成熟的细分市场,同时影响另一个细分市场,然后再开发一个市场,如此渐进而行,使企业的产品和市场共同得到发展。

1.3 信息产品营销意识与观念

1.3.1 信息产品营销意识

信息产品营销意识,是指信息产品营销行为应遵循的普遍性规定。信息产品营销意识通常包括有诚信意识、社会责任意识、质量意识、创新意识、服务意识等。

微课04
信息产品营销意识

1. 诚信意识

诚信,主要是指参与社会和经济活动的当事人之间所建立起来的、以诚实守信为道德基础的"践约"行为。简单地说,就是诚实无欺、信守承诺、说话算数。

诚实守信是我国几千年来传统文化的主流,是倍受推崇的美德。良好的信用是企业的资源,是企业的无形资产,可在企业经营出现困难时帮助企业赢得资金、赢得市场、赢得生存、赢得发展。

知识拓展 1-4　社会主义核心价值观

党的十八大提出，倡导富强、民主、文明、和谐，倡导自由、平等、公正、法治，倡导爱国、敬业、诚信、友善，积极培育和践行社会主义核心价值观。

"富强、民主、文明、和谐"，是我国社会主义现代化国家的建设目标，是从国家层面对社会主义核心价值观基本理念的凝练，在社会主义核心价值观中居于最高层次，对其他层次的价值理念具有统领作用。

"自由、平等、公正、法治"，是对美好社会的生动表述，是从社会层面对社会主义核心价值观基本理念的凝练。它反映了中国特色社会主义的基本属性，是中国共产党矢志不渝、长期实践的核心价值理念。

"爱国、敬业、诚信、友善"，是公民基本道德规范，是从个人行为层面对社会主义核心价值观基本理念的凝练。它覆盖社会道德生活的各个领域，是公民必须恪守的基本道德准则，也是评价公民道德行为选择的基本价值标准。

2. 社会责任意识

社会责任是指企业在创造经济利益的同时，还要承担维护好对员工、对消费者、对社区、对环境等利益相关者利益的责任。就企业社会责任的内容而言，它包括经济、道德、法律等三方面的责任，经济责任是指最大化利益关系人的财富和价值；法律责任是指遵守所有法律和法规；道德责任是指遵循利益关系人评判的可接受行为标准，还内含回报社会的慈善责任。

案例 1-4　腾讯为村：耕耘者振兴计划

乡村振兴，人才是关键。2021年5月，农业农村部与腾讯公司签署《"耕耘者"振兴计划》战略合作协议，由腾讯公司出资5亿元，面向乡村治理骨干和新型农业经营主体带头人开展免费培训，计划3年线上覆盖100万人，线下培训10万人，实现"培养一个人，带动一个村"的目标。经过一年试点获得广泛好评。2022年4月，农业农村部办公厅印发《关于实施"耕耘者"振兴计划的通知》，面向全国各省市、自治区推广落地。

"耕耘者"振兴计划在数字化助力乡村振兴人才队伍建设方面是全国首创，参与人数多、规模大。"耕耘者"振兴计划以人为本，助力产业兴旺，面向"耕耘者"振兴计划参训学员，遴选出优秀学员背后的优质农产品，在培训课程之外，为他们提供了一个学习和训练私域运营能力的电商实践平台——"为村耕耘者市集"帮助学员实现产业闭环。

3. 质量意识

信息产品的技术含量高、结构复杂，使得绝大多数顾客都不能对其有比较深入的了解和掌握。尤其是系统性的信息产品，顾客不经培训几乎不能直接使用和操作。因此，顾客对信息技术企业的依赖性较大，对产品质量的期望值也很高。

质量是企业的生命，生产适合顾客需要的高质量的产品，是形成企业竞争优势的最重要的基础，是市场营销活动成功与否的前提。如果产品质量不合格，无论如何宣传、如何促销，即使你提供的服务再好、再周到，顾客也不会购买，因为你的产品不能满足其最根本的需要。

 案例 1-5　华为的质量方针

1. 时刻铭记质量是华为生存的基石，是客户选择华为的理由。
2. 我们把客户要求与期望准确传递到华为整个价值链，共同构建质量。
3. 我们尊重规则流程，一次把事情做对；我们发挥全球员工潜能，持续改进。
4. 我们与客户一起平衡机会与风险，快速响应客户需求，实现可持续发展。
5. 华为承诺向客户提供高质量的产品、服务和解决方案，持续不断让客户体验到我们致力于为每个客户创造价值。

4. 创新意识

创新意识，是指人们对创新与创新的价值性、重要性的一种认识水平、认识程度以及由此形成的对待创新的态度，并以这种态度来规范和调整自己的活动方向的一种稳定的精神态势。

企业创新的实质是为客户创造新的价值，同时为企业挖掘更多的发展潜力。创新的途径包括产品创新、技术工艺创新、市场创新、组织创新、管理创新和观念创新等。创新可以为企业带来生机和活力，只有坚持不断创新的企业，才能在激烈的竞争中永葆优势。

 案例 1-6　华为：持续创新，深耕数字化

面对全球数字经济的高速发展，近年来华为致力于数字技术的研究与创新，努力探索数字技术的前沿领域，识别产业需求，持续探索新理论、新架构、新技术。通过持续创新激活数字技术，通过数字技术应用提升产业数字化发展。

在云服务方面，华为云经过多年发展，已聚合了超过 230 万开发者、6000 多技术伙伴、云市场商品超过 4500 个，成为互联网公司、政府与企业数字化转型的重要平台。

> 在人工智能方面，华为在 2018 年发布的全栈全场景 AI 目前发展迅速，MindSpore 已经成为我国主流 AI 计算框架，Atlas900 集群和基于 Atlas900 集群的云服务已经服务于 300 多企业客户，成功训练出包括华为云盘古大模型在内的众多模型。在网络领域，华为在覆盖全球的网络开展自动驾驶网络创新，也与金融、教育、医疗等行业客户开展联合创新和部署应用，实现网络的自动、自愈、自优、自治。在低碳发展领域，为了响应碳达峰和碳中和，华为坚持数字技术创新，通过创新节能技术、电力电子技术等帮助客户实现低碳发展。

5. 服务意识

顾客对信息产品有较高的服务要求，服务几乎贯穿了信息产品营销的全过程。因此，信息技术企业必须树立良好的营销服务意识。

营销服务是信息产品营销中的重要环节。良好的营销服务能保证信息产品的正确使用，降低不正确使用的风险性，能增加企业对目标顾客群的了解，又能收集到顾客对自己产品的反馈意见，从而对产品进行改进。

1.3.2 基本营销观念

营销观念，是指企业在一定时期、一定生产经营技术和市场环境条件下，制定营销战略、实施营销策略、组织开展营销活动，以及正确处理企业、顾客和社会三者利益关系的指导思想和行为准则。

1. 市场营销观念

市场营销观念，是一种以消费者的需要与欲望为导向的经营哲学。它把企业的生产经营活动看作是一个不断满足消费者需要的过程，而不仅仅是制造或销售某种产品或服务的过程。市场营销观念强调以顾客需要为中心，按照顾客需要组织生产，以顾客满意为宗旨，通过顾客满意来获得利润。

2. 大市场营销观念

大市场营销观念，是指企业为了成功进入某个特定市场或者在特定市场上经营，打破各种贸易壁垒，需要在策略上运用经济、心理、政治和公共关系等手段，以赢得若干参与者的合作与支持。即在实行贸易保护的条件下，企业的市场营销战略除了 4P 策略（产品策略、价格策略、渠道策略、促销策略），还要加上两个"P"，即政治权力和公共关系。

3. 社会营销观念

社会营销观念，是一种以社会利益为导向的经营哲学。它认为，企业应以维护和促进全社会的利益与发展为最高目标，企业的生产经营不仅要满足消费者的需要与欲望，而且要有利于社会的整体利益和长远利益，要将消费者需要、社会利益和企业盈利三方面统一起来，求得三者利益的共同实现。信息技术企业在开展营销活动时，必须树立社会营销观念，维持社会利益、消费者利益与企业利益三者之间的平衡。

4．关系营销观念

关系营销，是指为了实现企业的营销目标，保持企业有利的市场位置，使企业持续、稳定、不间断地增加利润，企业应积极主动地与顾客、中间商、供应商、营销中介等建立并保持一种长期稳定友好的合作关系，使有关各方都能实现各自的目标。

关系营销观念，强调与各方建立长期稳定的良好的关系，努力实现各方的忠诚，从而为企业带来长远利益，实现企业与各方的共赢。

1.3.3 信息产品营销观念

信息产品营销观念，是指信息技术企业组织开展营销活动，以及正确处理企业、顾客和社会三者利益关系的指导思想和行为准则。

1．绿色营销观念

绿色营销，又称环境营销，是指企业在整个营销过程中应充分体现环保意识和社会意识，向消费者提供科学的、无污染的、有利于节约资源和符合良好社会道德准则的商品和服务，并采用无污染或少污染的生产和销售方式，引导并满足消费者的有利于环境保护及身心健康的需求。绿色营销，包括产品的绿色生产、绿色流通、绿色消费等。

1）绿色生产。绿色生产是绿色营销的起点。绿色生产包括产品的设计、使用的原材料、生产加工、包装等各个环节的绿色化。在绿色营销观念的指导下，产品设计时应充分考虑环境保护及社会改良的要求，尽可能设计出无污染或少污染的、节约原材料耗用、有利于消费者长远利益和社会整体利益的产品；在包装材料和形式设计中，尽可能体现绿色化，不仅考虑商品的装饰性，更注重环境保护功能；在产品生产过程中，应采用无污染、低能耗的生产方式，并不断加大环保投入。

2）绿色流通。绿色流通，是指在商品流通过程中所体现的绿色意识和行为。如采用绿色商品储运系统，实行绿色的商品定价，运用绿色的产品标识，进行绿色促销宣传,建立绿色专营商店等。绿色流通是保证从生产过程开始的绿色化得以最终实现的必要条件,只有流通过程绿色化了,在生产过程中制造的绿色商品才有可能传递给最终消费者,实现其使用价值和价值。

3)绿色消费。绿色消费是绿色营销的目标。绿色营销的核心是提倡绿色消费意识,进行以绿色产品为主要标志的市场开拓,营造绿色消费的群体意识,创新绿色消费的宏观环境。绿色消费适应了人们保护和改善生态环境,实现全球经济可持续发展的要求。

2. 整合营销观念

整合营销,是一种通过对各种营销工具和手段进行系统化结合,根据环境进行即时性动态修正,以使交换双方在交互中实现价值增值的营销理论与营销方法。在整合营销中,企业将以顾客为核心重组企业和市场的行为,运用各种形式的传播方式达到统一的目标和统一的传播形象,传递一致的产品信息,实现企业与顾客的双向沟通,迅速树立产品品牌在顾客心目中的地位,从而实现企业的营销目标。

1)技术推动与需求拉引方式整合。信息技术企业应实施"技术推动"与"需求拉引"双轮战略,首先从市场需求和技术发展趋势出发,界定产品概念和功能,将研究开发和市场营销纳入一个整体系统。即企业产品开发过程不能依赖上游到下游的成果转化,而必须根据市场需求与趋势的研究、预测,确定新产品的功能、特点及其关键技术,产品开发设计前就应进行市场调查、营销规划和营业分析等具体的前期工作。

2)技术开发与市场营销过程整合。信息产品由于更新换代期更短,在技术和营销方面的协调与配合将更加密切,这就要求技术开发与市场营销过程实现一体化运作。

3)技术服务与认知服务营销的整合。信息产品需求属于引导性消费需求,人们的消费习惯、生活方式,甚至生产方式都具有惯性,突破消费者认知障碍和人们生活习惯和方式的惯性是信息产品营销的首要任务,营销推广的重点不单是利益的转让,更是知识的普及。企业应在全面调查市场的基础上,充分挖掘潜意识甚至无意识的需求,运用"知识"营销、"学习"营销、"服务"营销等理念和网络营销手段,增加营销活动的知识含量,加强消费者培育,把握市场先机,不断创新需求,培育新的增长点。

3. 网络营销观念

网络营销,是一种以互联网为媒介和平台,以全新的方式、方法和理念实施市场营销活动，使交易参与者（企业、团体、组织和个人）之间的交易活动更有效地实现的新型市场营销方式。网络营销是在互联网上开展的营销活动，它具有以下特征：

1）跨时空。网络营销能够超越时间约束和空间限制进行信息传播和交换，因而使得企业能有更多时间和更大空间开展营销活动，可以随时随地地提供全球性营销服务。

2）多媒体。互联网可以传输多种媒体信息，包括文字、声音、图像等，使得为达成交易进行的信息交换可以以多种形式存在，可以充分发挥营销人员的创造性和能动性。

3）交互式。网络营销活动中，企业与顾客始终保持着信息的双向沟通和交流。企业可以随时了解顾客的需求并有针对性地发送个性化信息，实现一对一的个性传播；顾客可以直接将信息和要求传送给企业营销人员，从而由被动的承受者和消极的信息接收者变为主动参与者和重要的信息源。

4）人性化。网络营销是一对一的、理性的、消费者主导的、非强迫性的、循序渐进的，而且是一种低成本与人性化的营销，可以避免推销员强势推销的干扰，并通过信息提供与交互式交流，与消费者建立长期稳定的良好合作关系。

5）成长性。互联网用户数量快速增长并遍及全球，使用者以年轻人居多，这部分群体的购买欲望强且具有很强的市场影响力，因此，网络营销是一个极具开发潜力的目标市场。

6）整合性。网络营销可以完成从发布产品信息、收款到售后服务的全过程，这是一条覆盖营销活动全程的营销渠道。另外，企业可以借助互联网将不同的营销传播活动进行统一设计规划和协调实施，以统一的传播资信向消费者传达信息，从而避免不同传播的不一致性产生的消极影响。

7）超前性。互联网是一种功能强大的营销工具，它同时兼备渠道、促销、电子交易、互动服务以及市场调查分析与研究等多种功能，它所具备的一对一的营销能力，正是符合定制营销和直复营销的未来趋势。

8）高效性。网络营销应用计算机储存信息，信息储存量大，方便消费者进行信息查询，所传送的信息数量和精确度也远远超过其他媒体；同时，它能够帮助企业适应市场需求，及时更新产品陈列或调整产品价格，及时有效地了解和满足顾客的需求。

9）经济性。网络营销使交易双方通过互联网进行商品交换，代替了传统的面对面的交易方式，一方面可以减少促销文本印刷费用、店面租金、水电费用、人工成本等，另一方面可以减少由于来回多次交换带来的商品损耗。

10）技术性。网络营销是建立在以高新技术作为技术支撑的互联网基础之上，这要求企业必须有一定的技术投入与技术支持，必须改变企业原有的传统组织形态，提升信息管理部门的功能，引进懂得营销与计算机技术的复合型技能人才，这样方能具备和增强企业未来的市场竞争优势。

4. 定制营销观念

定制营销，是指企业在大规模生产的基础上，进行市场极限细分，将每一位顾客都视为一个单独的细分市场，根据每一个人的特定需求设计市场营销组合策略，以满足每位顾客的特定需求。定制营销的特点有：

1）零库存生产。定制营销是将每一位顾客都视为一个单独的细分市场，根据每一个人的特定需求来组织生产，这表明它将不再按照以市场预测为基础制定的生产计划组织生产，而是完全按订单组织生产，最终实现零库存的管理目标。

2）大规模生产。定制营销是建立在大规模生产的基础上，是在充分了解消费者需求差异、消费潜力、购买习惯和态度等因素的情况下，根据不同的标准将消费者分为若干大类，为每一个目标市场提供适销对路的产品和服务项目；同时，运用先进的营销策划和网络等先进技术，建设一条快速反应、灵活多变的流水线以实现大规模的流水线生产。

3）数据库营销。数据库营销，是指企业收集和积累消费者的大量信息，并将这些信息处理后，挖掘出富有价值的信息，并有的放矢地与顾客进行沟通，以达到说服消费者购买产品的目的。定制营销通常需要以顾客数据库作为营销工具。企业可以将与顾客发生的每一次联系都记录下来，包括顾客购买的数量、价格、采购的条件、特定的需求、业余爱好、生日等信息。这样，企业就会知道自己的新产品开发出来之后会有哪些顾客购买、企业的老顾客目前会有哪些新的需求，从而制定更具针对性的营销策略，更好地服务老顾客，与顾客建立紧密的联系。

4）细分极限化。定制营销中，市场细分已经达到了极限，每一位顾客就是一个子市场，企业要根据每一个人的特定需要来确定自己的营销组合策略。

5）顾客参与性。企业在定制营销策略时，为确保顾客的满意度，必须需要顾客的参与。在这种营销方式下，顾客直接向企业提出自己的要求，并且同技术人员一起合作，共同设计产品的蓝图。当顾客得到产品时，也可以直接向企业反映自己的满意程度和提出建议。

5．战略营销观念

战略营销，是指营销人员站在整个企业竞争战略的高度考虑营销问题，在动态的市场与公司环境情况下，做出明确的营销决策，在特定的时间和限定的资源范围内，通过战略性定位获得生存和可持续发展的竞争优势。

战略营销是站在企业竞争战略的高度进行营销战略的制定和营销方案的策划，是涉及企业总体发展的全方位的营销，具有以下特征：

1）营销目标长期性。企业营销战略的制定，不能只考虑企业的眼前利益，应立足于企业的长远利益，做出对企业营销过程中的各项活动具有普遍的、全面指导意义的管理决策，充分体现战略的前瞻性和高度的全局性。

2）环境动态适应性。企业所采取的一系列重大决策都必须根据营销环境的动态变化和企业自身的条件，进行周密的策划，制定有效的战略计划，使企业的目标和资源与企业的外部环境之间，保持一种切实可行的战略适应。

3）目标市场竞争性。竞争是战略的本质，也是市场经济的现实。企业的战略要在分析竞争对手资源状况、发展前景的基础上，通过博弈分析和深思熟虑后做出选择。企业所有营销活动的全过程都必须以竞争作为基准，争夺市场、争夺顾客，阻止竞争者抢占企业的市场份额，从而确保企业在市场竞争环境中迅速扩张和成长。

4）资源利用协调性。战略营销是一个体系、是一个系统，它要求市场营销所涉及的内外部资源必须要具有高度的协同性，在联合销售、渠道共享、品牌共享、客户关系共享等多方面实现协同。只有这样，企业才能达到资源利用的最优，从而获得竞争优势。

6．技术营销观念

技术营销，是指通过运用企业的技术服务和专业知识等方面的系统能力，使顾客在短期内对新技术产品得以认识、了解和接受。技术营销的对象是一种知识、一种技术，而不是某一具体产品。技术营销的首要目的在于帮助客户掌握与此项技术的各种知识和技巧，并接受此技术。技术营销揭示了营销的过程不仅存于新产品生产之后，而且伴随着技术的研究、开发、推广的全过程。

1）正确处理不同时期技术与营销的关系。一般而言，在企业发展的不同阶段，或产品生命周期的不同时期，技术与营销的地位和作用是有所不同的。在产品处于研发或初创时期，企业可能更偏重于技术，而随着产品逐渐成熟，将会慢慢转向偏重于市场营销能力。

2）以市场为基础进行产品研发定位。企业在产品生产和创新上，要坚持"从顾客中来"的原则。要通过周密的市场调查、预测、比较来做好产品研发定位，确保开发出的产品有一定的市场基础。

3）依据产品的市场定位进行技术创新和产品创新。有了市场定位这个基础，技术创新便有了方向。技术代替不了市场，信息产品同样存在市场风险，但如果产品的技术创新能以市场为基础，则会降低这种风险。

4）真诚地听取顾客意见。顾客对产品的意见和建议，甚至抱怨或投诉，其实正是企业需要寻找和解决的不足之处，善于搜集顾客的抱怨和意见来改进产品，正是产品适应市场的过程。

知识拓展 1-5　新质生产力

2023 年中央经济工作会议指出，要以科技创新推动产业创新，特别是以颠覆性技术和前沿技术催生新产业、新模式、新动能，发展新质生产力。

新质生产力是由技术革命性突破、生产要素创新性配置、产业深度转型升级而催生的当代先进生产力，它以劳动者、劳动资料、劳动对象及其优化组合的质变为基本内涵，以全要素生产率提升为核心标志。

发展新质生产力，科技创新是核心驱动力，培育新产业是重点任务。战略性新兴产业、未来产业，是构建现代化产业体系的关键，是发展新质生产力的主阵地。

知识训练

一、填空题

1. 信息，是客观事物的内容、形式、事物之间的联系及其发展变化的反映，是经过_____后变为对人们制定决策_____的数据。

2. 信息产业，一般指以_____为资源、_____为基础，进行信息资源的研究、开发和应用，以及对信息进行收集、生产、处理、传递、存储和经营活动，为经济发展及社会进步提供有效服务的综合性的生产和经营活动的行业。

3. 信息产品，是一种信息和技术密集型的产品，信息产品的特征有高技术性、_____、_____、高风险性、低认知度、短周期性。

4. 信息产品市场的特征有_____、市场引导性、_____、市场微型化、市场全球化。

5. 保龄球营销模式强调在立足_____以后，要充分利用消费者的_____和示范效应，特别是要在一个立足市场上进行纵深发展，获得较高的市场声誉，只有这样才能获得最忠实的顾客群体，才能有效地开拓其他细分市场。

二、判断题

1. 信息是事物在现实世界中存在和变化的主观反映。　　　　　　　　　（　　）
2. 信息技术的日新月异使得以技术创新为基础的信息产品市场注定是一个高竞争的市场。　　　　　　　　　　　　　　　　　　　　　　　　　　　　　（　　）
3. 企业承担社会责任将使企业付出较大的代价，将加重企业的负担，直接影响企业的经济绩效。　　　　　　　　　　　　　　　　　　　　　　　　　　（　　）
4. 质量是企业的生命，生产经营适应顾客需要的高质量的产品，是形成企业竞争优势的最重要的基础，是市场营销活动成功与否的前提。　　　　　　　　（　　）
5. 技术营销的对象是一种知识、一种技术，而不是某一具体产品，其首要目的在于帮助客户掌握与此项技术的各种知识和技巧，并接受此技术。　　　　（　　）

三、选择题

1. 以下项目中，不属于按层次性属性分类的信息是（　　）。
    A. 战略信息　　　　B. 战术信息　　　　C. 作业信息　　　　D. 经济信息
2. 信息能够满足人们某些方面的需求，被人们用来为社会服务，这表明信息具有（　　）。
    A. 时效性　　　　　B. 价值性　　　　　C. 客观性　　　　　D. 层次性
3. 对于信息技术企业而言，如果不能领先于竞争对手推出更新的产品，或者紧跟竞争对手所开发的新产品推出改进型的新产品，则企业的生存能力就会面临着极大的挑战，这表明信息产品营销具有（　　）的特征。
    A. 生产规模性　　　B. 价格高档性　　　C. 产品创新性　　　D. 渠道独特性
4. 顾客对信息产品有较高的服务要求，有时甚至对服务要求还超过对质量的要求，这说明信息技术企业必须树立良好的（　　）。
    A. 服务意识　　　　B. 创新意识　　　　C. 责任意识　　　　D. 质量意识
5. 定制营销将每一位顾客都视为一个单独的细分市场，根据每一个人的特定需求来组织生产，最终实现（　　）的管理目标。
    A. 大规模生产　　　B. 零库存生产　　　C. 数据库营销　　　D. 顾客参与性

信息产品说明书写作

◎ 案例背景

广东联华计算机有限公司是于1995年成立的一家生产"联华"牌家用计算机的公司。经过20多年的努力，公司有了长足的发展。为助力乡村振兴，有效拓展公司的发展空间，增强公司的市场竞争力，2024年公司决定投产开发一种专供农村家庭用的计算机，该产品具有很好的性价比，而且操作更为简单，如：设置有一键通，即只要你一按该键，则可直接上网；配有直接恢复按键，该按键的功能是当你的计算机遇到异常，只要按下此键，则可将C盘直接恢复到最初配置状态，保证计算机时时刻刻都能正常运行；配备有农村家庭所需的正版计算机软件等。

该产品的生产执行标准为微型计算机通用规范GB/T 9813—2000；国家专利号为GJ20090125002186。企业网址：www.lhcomputer.com.cn；E-mail：lh@lhcomputer.com.cn。

试根据案例背景资料，为该公司联华牌计算机撰写一份具有特色的产品基本功能说明书，并完成产品基本功能说明书写作实训报告。

◎ 目的要求

1）能认识并实现组织分工与团队合作；

2）能撰写出符合格式要求的信息产品说明书；

3）能整理总结出信息产品说明书写作课题分析报告；

4）能清晰地口头表达出信息产品说明书写作实训心得。

◎ 训练指导

1）组建实训课题小组：将教学班学生按每小组6～8人的标准划分成若干课题小组，每个小组指定或推选出一名小组长。

2）确定实训小组课题：每个小组根据信息产品说明书写作背景资料的要求，完成一份信息产品说明书的写作。

3）实施写作课题研究：各小组长根据信息产品说明书写作的计划，调配资源，明确各组员的任务，并督促大家有效地完成任务，包括：信息产品说明书的草拟、修改和定稿，信息产品说明书写作课题分析报告的撰写、打印，以及小组的发言等。

4）撰写实训课题报告：每个小组完成一份信息产品说明书写作的课题分析报告。

5）陈述写作实训心得：由各个小组推荐的发言人或小组长代表本小组陈述本小组实训课题分析报告和实训心得。

第2章 信息产品市场调查

学习目标

1．知识目标

（1）能叙述和列举信息产品调查的概念和特点。
（2）能列出和掌握信息产品调查的步骤。
（3）能列举和分辨信息产品调查的方法。
（4）能记清和掌握信息产品调查问卷的设计。
（5）能熟记和列举信息产品调查计划的内容。
（6）能熟记和列举信息产品调查报告的构成。

2．能力目标

（1）能综合运用本章知识剖析现实案例。
（2）能依据案例背景设计信息产品调查计划。
（3）能依据案例背景设计信息产品调查问卷。
（4）能撰写信息产品市场调查技能训练报告。

3．素质目标

工作严谨认真，于细微之处见水平。

重点难点

1. 信息产品调查方法与内容。
2. 信息产品调查计划的制订。
3. 信息产品调查问卷的设计。
4. 信息产品调查报告的撰写。

 情智故事

丰子恺的严谨认真

丰子恺，我国著名的漫画家、散文家。这年，已年过古稀的丰子恺开始翻译日本的民间作品《落洼物语》。这篇小说读起来不仅艰涩难懂，想要用中文真实地表达小说的本意更是困难重重。不过，丰子恺并没有被困难吓倒，而是迎难而上，打算用两年的时间，将这篇小说翻译完成。

一天，丰子恺的长子来看望他。他和父亲一样，精通英语、俄语、日语等好几种外语。那天，当看到父亲正在为如何精确地翻译《落洼物语》中的一个词语而大伤脑筋时，略一思考便开口道："其实这个词完全可以用另一个词来代替，只是意思并不是非常准确，但是，它并不会影响这句话的完整性。"最后，他信心十足地告知了父亲一个词语。

听了儿子的话后，丰子恺严肃地回答道："你说的这个词我早已想到，因为它不能完整地表达句子的本意，所以我并没有用它。翻译工作一点也马虎不得，因为翻译出来的作品不是给自己看的，而是给成千上万的读者看的，我们必须做到严谨认真。再说，随意地不负责地去做一件事情，会让自己的品德受到损害。"听了父亲的教诲后，已年过半百的儿子像小学生一样，认真地点了点头。最后，他们父子俩一起努力，最终找到了最佳的翻译方法。

情智点评：南朝刘义庆在其所编的《世说新语》中曾言："言为士则，行为世范。"意思是说，言语是读书人的准则，行为则是当代人的典范。丰子恺先生这种严谨认真的治学态度值得我们学习。在信息产品市场调查中，调查人员务必严谨认真，谨慎对待每个调查数据，保证调查数据的准确无误。

2.1 信息产品调查概述

2.1.1 信息产品调查的概念与特征

1. 信息产品调查的概念

信息产品调查，即信息产品市场调查，是指信息技术企业为某一特定的市场问题，运用科学的方法，系统地搜集、整理和分析有关市场信息资料，对市场现状进行反映和描述，以认识市场发展变化规律的过程。

2．信息产品调查的特征

1）信息产品调查是一种有目的、有意识地认识市场的活动。信息产品调查，是信息技术企业为解决特定的市场问题，如某产品销售量大幅度下降、新产品上市的定价问题等，为企业的营销策划和营销决策提供信息资料而开展的活动。

2）信息产品调查是一个系统的过程。信息产品调查不是单个资料的记录、整理或分析的活动，它是一个周密策划、精心组织、科学实施，由一系列工作环节、步骤、活动组成的过程，它包括对信息的搜集、判断、整理、分析、研究等过程。

3）信息产品调查具有较强的专业性。首先，信息产品调查需要借助一套科学的方法，包括观察调查法、访问调查法、实验调查法等；其次，信息产品调查还需要应用统计学、社会学、心理学和计算机科学等方面的知识。

2.1.2 信息产品调查的类型

1．探索性调查

探索性调查，是指当研究的市场问题或范围不明确，为了发现问题、了解市场情况而做的试探性调查。探索性调查主要是用来发现问题，通过对搜集到的信息资料进行分析，找出营销问题的症结所在。

2．描述性调查

描述性调查，是指对所研究的市场现象的客观实际情况如实地加以描述和反映的市场调查。描述性调查主要是用来描述客观情况，通过调查，如实地记录并描述诸如某种产品的市场潜力、顾客态度和偏好等方面的信息。

3．因果性调查

因果性调查，是指为了研究市场现象与影响因素之间客观存在的联系而进行的市场调查。因果性调查，主要是用来找出变量之间的因果关系，如产品价格与销售量、广告费用支出与销售量之间的关系等。

2.1.3 信息产品调查的内容

1．消费者信息调查

消费者信息的调查，包括：①消费者个人特征信息，如性别、年龄、文化程度、职业、收入等；②消费者需求状况信息，如价格定位、购买行为（购买能力、购买习惯、支付方式、送货方式等）、服务需要（服务要求、服务方式、服务内容等）、需求量（现实需求量、潜在需求量）等。

2. 产品或服务调查

产品或服务信息的调查，包括产品或服务的供求状况、市场占有率、产品销售趋势、现有产品或服务的满意度与不足、客户对产品或服务需求的新变化等。

3. 目标市场调查

目标市场信息的调查，通常表现为对购买力、市场容量、变化趋势方面的调查，包括产品或服务的市场容量、供求状况、企业开拓市场的能力、企业发展市场中存在的问题（资金、渠道、产品更新等方面）、竞争格局、竞争激烈程度等。

4. 竞争对手调查

竞争对手信息的调查，主要调查企业的主要竞争对手及潜在竞争对手的数量与实力，包括主要的竞争对手、竞争对手的市场份额、实力、竞争策略、营销战略的定位和手段、发展潜力等。

5. 营销环境调查

营销环境信息的调查，主要调查企业所面对的营销环境情况，包括：①宏观环境信息的调查，如政治法律环境、经济环境、自然环境、人口环境、科技环境、文化环境等环境信息；②微观环境信息的调查，如合作者、供应商、营销中介、社区公众等方面的信息。

6. 广告效果调查

广告效果调查，是指为了获取广告对接受者的影响而做的调查，主要调查广告的销售效果（广告发布之后，商品销售量的变化情况）和广告本身的效果（广告为社会公众的关注程度）。

2.1.4 信息产品调查的方法

1. 间接调查法

间接调查法，也称文案调查法、二手资料调查法，是指信息技术企业调查人员从企业内部或外部的各种文献、档案资料中收集有关历史和现实的市场经济活动资料，并对其进行分析研究的调查方法。

（1）间接调查法资料来源

间接调查法是进行市场调查的首选方法。间接调查法资料来源包括外部资料来源和内部资料来源。

1）外部资料来源，是指企业之外的机构、团体、媒介等所提供的资料，包括国家统计资料、行业协会信息资料、公开出版的图书资料以及从大众传播媒体、各种信息机构、计算机信息网络、国际组织等处获取的资料。

2）内部资料来源，是指企业内部各部门收集、保存的各种经营活动资料。主要包括：企业职能部门的资料，如会计、统计、计划部门的统计数字、报表、原始凭证、会计账目等；企业经营机构的资料，如进货统计、销售报告、库存记录、合同文书、客户订货单、消费者意见反映等；企业的各种会议记录和以往的市场调查报告等。

（2）间接调查的具体方法

间接调查法具体包括查找法、索取法、收听法、咨询法等方法。

1）查找法，是指信息技术企业的调查人员利用检索工具逐个查找文献资料的方法。如利用搜索引擎在网络上进行资料的搜索。

2）索取法，是指信息技术企业的调查人员向有关机构直接索取所需的市场资料的方法。

3）收听法，是指信息技术企业的调查人员通过收听广播及新兴的多媒体传播系统而收集各种有用的信息资料的方法。

4）咨询法，是指信息技术企业的调查人员向有关情报或信息咨询中心进行咨询而获得资料的方法。

2. 直接调查法

直接调查法，也称实地调查法、一手资料调查法，是指由信息技术企业的市场调查人员亲自搜集第一手资料，经过分析判断得出调查结论的调查方法。

（1）直接调查法资料来源

直接调查法取得资料的途径包括：

1）直接参加各种展览会、展销会、交易会，取得各种有关企业介绍、产品介绍、产品目录等方面的信息资料。

2）到实地进行考察，身临其境，感受市场气氛，观察市场动态，寻找现实的和潜在的客户。

3）与经销商直接谈判，了解对方对经销产品的迫切感、需求量等信息。

4）直接购买竞争对手的产品，进行外形、特色、性能等方面的分析与实验，掌握产品的变化趋势，从而指导开发本企业的新产品。

（2）直接调查的具体方法

直接调查法具体包括访问调查法、观察调查法、实验调查法等调查方法。

1）访问调查法，指调查人员采用访谈询问的方式，向被调查者了解市场实际情况，搜索有关资料，从而获得有关市场信息资料的调查方法。它是市场调查中最基本、最常用的调查方法，具体包括面谈调查、邮寄调查、电话调查网络调查等方法。

2）观察调查法，指调查人员通过观察，记录被调查者的言行及市场现象等，从而获得有关信息资料的调查方法。观察调查法具体包括：直接观察与间接观察、公开观察与非公开观察、人工观察与仪器观察、横向观察与纵向观察等。

3）实验调查法，指通过实验对比取得市场情况第一手资料的调查方法。实验调查法包括实验室实验调查和现场实验调查两种类型。

实验调查法，是搜集因果关系方面信息最适当的方法之一，它主要是改变影响调查对象的某些因素的值，而保持其他因素不变，以此来衡量因素改变对调查对象的影响效果。如研究包装对产品销售量的影响，在其他因素不变的情况下，产品包装改变前后销售量的变化，就可看作是该包装改变的效果。

实验调查法的具体应用形式还包括试用、试销、展览销售等。一般来说，改变商品品质、商品包装、调整商品价格、推出新产品、变动广告形式与内容、变动商品陈列等情况，都可以采用实验调查法来调试其效果。

2.2 信息产品调查设计

2.2.1 信息产品调查步骤

信息产品市场调查，一般由四个主要步骤组成：确定市场调查任务、制订市场调查计划、执行市场调查计划、撰写市场调查报告。

1. 确定市场调查任务

确定市场调查任务，就是确定信息产品营销过程中存在的问题及信息产品市场调查所要达到的目标。企业营销过程中存在的问题，可归纳为三种。

1）现实问题：指企业营销业务正出现的问题。对于正发生的营销问题，企业必须及时调查分析原因，采取措施予以解决。

2）潜在问题：指企业营销业务发展中可能会出现的问题。对于可能会发生的营销问题，企业应进一步密切观察其发展变化，并制订相应措施，以预防其出现不良影响。

3）发展问题：指企业规划新的营销行动而存在的发展方向和目标方面的问题。对于营销的发展问题，企业必须在充分调查研究的基础上，进行战略发展规划，以保证营销决策的正确性。

2. 制订市场调查计划

市场调查计划，也称市场调查方案，是指企业对某项市场调查所做的具体设计，其制订是对调查工作各个方面和全部过程的通盘考虑和安排，包括调查目的任务、调查对象、调查方法、调查日程、调查预算等内容。

3. 执行市场调查计划

1）组织调查队伍。调查队伍一般由本单位自己组织。在条件许可的情况下，企业可委托专门的调查机构进行调查。

2）设计调查问卷。市场调查问卷是市场调查工作的一项重要工具，其设计的好坏直接影响调查的效果。设计的调查问卷既要具有科学性又要具有艺术性。

3）开展实地调查。实地调查要求调查人员按照调查计划规定的时间、地点、方法、内容进行具体的调查，收集有关的资料。在调查中，不仅要注意收集二手资料，更要注意收集一手资料，以保证调查质量。

4. 撰写市场调查报告

1）整理调查资料。整理调查资料要求调查人员运用科学方法，对调查所得资料进行审核、分类和分析，使之系统化、条理化，并以简明的方式准确反映所调查问题的真实情况。

2）撰写调查报告。市场调查报告是市场调查研究成果的集中体现。它是根据调查目的和任务，利用收集到的调查资料，经过分析研究，做出判断性结论，提出建设性的措施和意见。

2.2.2　信息产品调查计划内容

信息产品调查计划的内容一般包括调查研究背景、调查目的、调查对象、调查方法、调查人员、调查日程、调查经费预算、调查质量控制措施等内容。

1. 调查研究背景

市场调查是为市场决策服务的，旨在通过资料的搜集，探求市场发展的规律。因此，研究市场问题、确定调查项目时要充分考虑一些背景因素，如政治环境、经济环境、文化环境、科技环境等。

2. 确定调查目的

调查目的，就是企业市场调查所要达到的具体目标。确定调查目的，就是明确在调查中要解决哪些问题、通过调查要取得哪些资料。在实践中,调查目的的提炼可围绕以下三个方面进行:①为什么要进行调查;②通过调查想要获得什么样的资料;③利用已获得的资料想要做什么。

3. 确定调查对象

调查对象,是指根据调查目的确定的调查范围以及所要调查的主体。调查单位,是指根据抽样设计在研究对象中抽出的承担调查内容的个别单位。例如:对某学校学生的信息产品消费行为进行调查,则该学校的所有学生构成本次调查的对象;而具体选中进行调查的学生,则为调查单位。

4. 确定调查方法

市场调查计划需要规定采用什么样的调查方法取得调查资料。一般来说,二手资料的取得可以采取文案调查法,一手资料的取得可以采取实地问卷调查法。

5. 确定调查人员

确定调查人员,主要是确定参加市场调查人员的条件和人数,包括对调查人员的必要培训。调查人员的素质应包括以下几点:

1)敬业:忠于工作,认真踏实,不歪曲问题。
2)耐心:不会因为重复、机械性工作而烦恼。
3)开朗:善于与人交往并愿意与人讨论各种问题。
4)积极:努力完成规定的访问任务,并不为困难所折服。
5)细心:在工作中尽量避免差错,认真记录问题答案。

6. 确定调查日程

调查日程安排,就是各个时期具体调查工作的安排。调查日程安排表格式见表 2-1。

表 2-1 调查日程安排表

时 间	事 项	责 任 人
7月1日—12日	讨论确定研究目标方法	
7月13日—31日	查阅二手资料	
	形成问卷初稿	
	决定样本构成	
	选择样本	
	选择问卷的试答样本	

（续）

时间	事项	责任人
8月1日	与委托人讨论问卷初稿	
8月2日—5日	修改问卷	
8月6日—9日	试答问卷，完成样本选择	
8月10日	确定最后问卷	
8月11日	提交倡议书	
8月12日	寄出问卷	
8月13日—31日	回收问卷	
9月1日—15日	整理回收问卷	
9月16日—22日	分析结果	
9月23日—29日	准备报告	
9月30日	提交市场调查报告	

7. 调查经费预算

市场调查活动的开展都需要耗费一定的人力、物力和财力，因此，在制订市场调查计划时，必须编制调查经费预算，合理估计市场调查的各项开支。调查经费预算是对市场调查活动各种可能发生的费用项目和金额做出估计和测算，并用数字形式将其表达出来的费用开支计划。

调查费用一般包括：调查人员的工资、交通食宿费、通信费及调查礼品费、调查问卷印刷费、资料处理费等。在进行调查经费预算时，要将可能需要的费用尽可能地考虑周到，以免将来出现一些不必要的麻烦而影响调查的进度。

调查费用的多少，受调查规模的大小、内容的多少和时间的长短等的影响，在预算费用时，要本着实事求是、互利互惠的原则，确定经费的多少。编制经费预算的一般原则是：在有限的调查经费条件下，力求取得较好的调查效果；或是在保证调查目标实现的条件下，力求使调查经费支出最少。

8. 调查质量控制措施

调查质量控制措施包括：①抽查某一调查区域的抽样调查情况；②询问受访者，了解调查员的调查情况；③检验调查结束的问卷是否完整、有无遗漏、可否补救；④定期定时开碰头会，了解调查过程中遇到的问题，讨论解决方法；⑤了解调查进度和进行情况，并予以指导。

2.2.3 信息产品调查问卷设计

调查问卷,也称市场调查表,是信息技术企业市场调查人员在向调查对象做访问调查时用以记录调查对象态度和意愿的书面形式。调查问卷设计,是指信息技术企业调查设计人员根据调查目的和要求,将所需调查的问题具体化,使调查人员能顺利获取调查信息资料的一种手段。

1. 调查问卷的构成与要求

(1) 调查问卷的构成

1) 问卷开头:主要用于介绍调查的目的、意义、填答说明、问候语等,一般作为问卷的开头部分。

2) 问卷正文:这是调查问卷的主体部分,是调查者所要了解调查的具体内容部分,包括所要调查的问题和答案。

3) 问卷结尾:主要用以记录被调查者意见、感受或记录调查情况,也可以是感谢语以及其他补充说明。

(2) 调查问卷设计要求

1) 紧扣主题,重点突出。
2) 结构合理,排列有序。
3) 简明通俗,易懂易答。
4) 长度适宜,内容紧凑。
5) 编码规范,便于统计。

2. 提问项目的设计

(1) 提问项目设计的方法

1) 开放式提问:指问卷所提的问题事先没有确定的答案,被调查者可以自由回答问题,不受任何限制的提问。该类提问能真实地了解被调查者的态度和情况,但答案很难归纳统计,一般只能有一、两个。

2) 封闭式提问:指问卷内的题目调查者事先给定了答案或范围,被调查者只能选择其中一项或几项,包括是非题、单项选择题、多项选择题、排序题、事实性问题等。

(2) 提问项目设计的要求

1) 语言要通俗,避免专业术语。
2) 表达要具体,避免抽象笼统。
3) 表述要客观,避免诱导倾向。
4) 用词要准确,避免含糊不清。

5）用语要委婉，避免敏感问题。

（3）提问项目设计的顺序

1）问题的安排应具有逻辑性。

2）问题的安排应先易后难。

3）能引起被调查者兴趣的问题放在前面。

4）开放性问题放在后面。

案例 2-1　小米手机消费者市场调查问卷

尊敬的消费者：

您好！为了客观反映小米手机的优势所在，了解小米手机受欢迎的原因，并对小米手机市场的未来发展趋势做出预测，同时提出相关的改进意见，我们进行了此次对小米手机消费者购买行为的调查。占用您几分钟的时间填写本调查表，您的意见对我们很重要！谢谢您的配合！

1. 您的性别（　　　）

    A. 男　　　　　　B. 女

2. 您的年龄（　　　）

    A. 18岁以下　　B. 19～25岁　　C. 26～35岁

    D. 36岁～45岁　E. 46岁以上

3. 您所从事的职业（　　　）

    A. 学生　　　　B. 工作　　　　C. 待业　　　　D. 无

4. 您认为小米手机是哪类人群适合的手机（　　　）

    A. 发烧友　　　B. 学生　　　　C. 上班族　　　D. 任何人

5. 外界对小米手机的各类评价会不会影响您的购买判断（　　　）

    A. 会　　　　　B. 不会

6. 您使用过小米手机吗（　　　）

    A. 有　　　　　B. 没有

7. 您了解到小米手机的途径是（　　　）

    A. 社交媒体　　B. 小米官网　　C. 听朋友或者同事介绍

    D. 手机店　　　E. 其他

8. 您最看中小米手机什么特质（　　　）

    A. 价格便宜　　B. 硬件配置高　C. 品牌口碑好

    D. 性价比高　　E. 其他

9. 您会通过什么渠道购买小米手机（　　　）

    A. 官网抢购　　B. 手机店　　　C. 商场　　　　D. 其他

10. 您选择智能手机最重要的因素是（　　　　）
    A. 价格　　　　B. 外形　　　　C. 性价比　　　　D. 品牌
    E. 质量　　　　F. 功能　　　　G. 其他
11. 随着小米公司的成长，您对小米的印象是否有过改变？如果有，请用一句话描述一下您的印象变化是什么？

_____

2.2.4　信息产品调查范围确定

调查范围，也称调查空间，是指信息技术企业开展市场调查的区域范围，即调查在什么地区进行、在多大范围内进行。确定信息产品调查范围可选择的方式包括全面调查、重点调查、典型调查和抽样调查等。

1. 全面调查

全面调查，也称普查，是指对调查对象中的每个个体都进行调查的调查方式。全面调查是一种一次性调查，是为把握某一时点上，一定范围内调查对象的基本情况而开展的调查。通过全面调查，企业可以了解市场的一些至关重要的基本情况，对市场状况做出全面、准确地描述，从而为制定市场策略、计划提供可靠的依据。

2. 重点调查

重点调查，是指对调查对象中具有举足轻重地位的调查单位进行调查的调查方式。所谓重点单位，是指其单位数在总体中占的比重不大，而其某一数量标志值在总体总量中占的比重较大的单位。通过对这些重点单位的调查，信息技术企业可以了解总体某一数量特征的基本情况。

3. 典型调查

典型调查，是指对调查对象中具有代表性或典型性的调查单位进行调查的调查方式。只要所选择的单位具有较充分的代表性，运用这种方式进行市场调查所得到的结果，应能反映市场变化的一般规律和基本趋势。

4. 抽样调查

抽样调查，是指从调查对象中抽取一定数量的调查单位进行调查，依据抽样的结果推断总体特征的调查方式。抽样调查是一种被广泛使用的有效的调查方式，它克服了重点调查与典型调查方式的主观随意性和样本代表性不强的弱点，又克服了全面调查组织困难与费用高的不足，是一种比较科学和客观的调查方式。

2.2.5 信息产品调查报告构成

信息产品调查报告，是指对信息产品市场调查的问题和数据进行分析研究而形成的一种反映市场调查活动的现状、对企业市场营销未来发展提出相关建设性建议的报告。撰写市场调查报告，是整个市场调查活动的最后阶段，是市场调查成果的最终体现。信息产品调查报告的内容一般包括：

1. 题页

题页，是市场调查报告的首页，应点明报告的主题。它主要记录市场调查报告的标题、调查人员、调查单位、报告时间等。

2. 目录

目录，是将市场调查报告的各部分的主要项目按前后顺序编排的名目列表。

3. 概要

概要，是市场调查报告的内容摘要，简要说明调查报告的目的、调查对象和内容、调查方法、主要发现、结论与建议。

4. 主体部分

主体部分，是市场调查报告的主要部分，主体部分必须准确地阐明全部有关的论据，包括问题的提出、引出的结论、论证的全部过程、分析研究问题的方法等。

5. 调查建议

调查建议，是根据调查结果并结合企业所具有的优势与面临的困难，提出相应的解决方法、措施或建议。

6. 附件

附件，指与调查主体部分有关的必须附加说明的部分，它是对主体部分的补充或更详尽的说明，包括调查问卷、抽样名单、统计计算表格、制图等。

案例 2-2　我国中小企业信息化建设调查报告

一、中小企业信息化建设调查计划及实施

1. 调查目的

为了获得我国中小企业信息化的真实、准确、及时、完整的数据，支持科学制定促进中小企业信息化的政策措施，决定开展全国中小企业信息化抽样调查工作。本次调查工作的成果将有助于对全国中小企业信息化的基本情况做出准确判断，并为政府制定促进中小企业信息化的政策措施提供科学依据和基础数据。

2．调查组织

国家发展和改革委员会中小企业司、信息产业部信息化推进司、国务院信息化工作办公室推广应用组作为调查的指导单位，要求各地中小企业主管部门、信息产业和信息化主管部门支持中小企业信息化调查工作。

中国电子商务协会信息化测评中心作为调查工作的承担单位，负责调查设计、组织实施和管理、数据分析和撰写调查报告等工作。

国家统计局服务业调查中心作为调查的支持机构，负责抽样调查样本的选定和调查结果的测算工作。

中国电信集团公司、中国网通集团公司作为调查的协助单位，分别向下属机构发文，召开了全国电视电话会议，部署并协助开展调查工作。

3．调查对象

调查对象主要为企业总经理/总裁、分管业务或者信息化的副总经理、信息化主管或者企业综合管理人员。

4．调查内容

调查内容包括有：影响中小企业生存和发展的主要问题；中小企业信息化的基本情况，特别针对尚未开展信息化的企业进行专门调查；企业在信息化方面的计划；企业信息化对政府和发展环境的要求；企业对第三方社会服务平台的评价；企业对信息化产品和服务的价格与质量的意见。

5．样本选取

根据全国中小企业信息化抽样调查抽样方案的要求，国家统计局服务业调查中心完成了全国中小企业信息化抽样调查样本的抽取工作，在全国层面上选定了26022家样本企业，样本企业既包括已经开展信息化的企业，也包括还没有开展信息化的企业，其中，21067家为支持分行业分析的样本，另外4955家为支持部分重点城市分析而补充的样本。

6．问卷回收

本次调查共回收有效问卷9200多份，回收率为35.35%。从对样本回收情况和问卷质量的分析表明，回收的有效问卷能够满足调查工作的要求。

二、我国中小企业信息化应用情况调查分析

1．中小企业最优先的需求是市场与营销

调查显示，52.7%的中小企业首先关注市场与营销（销售）方面的问题。说明中小企业对于信息化的主要需求集中在解决眼前急迫的生存问题，明显有别于更多关注长期效益和无形效益，更加关注战略、管理控制问题的大企业。

2．绝大部分中小企业具有互联网接入能力

调查显示，80.4%的中小企业具有互联网接入能力。其中，44.2%的企业将接入互联网用于企业信息化建设，16.7%企业有自己的网站，14.0%的企业具有建立企业门户网站应用。

3. 电子邮件系统是中小企业的主要应用

调查显示，32.8%的企业具有电子邮件系统应用。管理层有39.3%使用电子邮箱，相应的比例对于老板是32.4%，对于基层员工是15.6%；26.2%的群体不使用电子邮箱。在使用电子邮箱的人中，57.5%使用免费邮箱。

4. 超过半数的企业已经开展信息化应用

调查显示，52.3%的企业具有不同程度的信息化应用，但是，核心业务应用普及率普遍低于10%。

5. 应用ERP的中小企业占比较少

调查显示，已经应用ERP的中小企业仅为4.8%，86.2%的企业没有应用ERP，另有9%的企业没有明确回答。

6. 已有部分中小企业开展电子商务业务

调查显示，9%的中小企业已经开展电子商务。

7. 一半左右中小企业认同信息化的正面作用

调查显示，55.5%认为能改善财务管理，53.0%认为能够更加及时、准确地获得市场需求信息，51.2%认为能改善人力资源管理，50.9%认为能够更好地管理经销渠道，50.5%认为能加强客户管理和防止客户流失，49.2%认为能全面提升竞争能力。

8. 四成多的中小企业愿意开展信息化

调查显示，45.1%愿意投资于营销市场信息化，43.9%愿意投资于财务信息化，40.8%愿意投资于人力资源信息化。

9. 下一步中小企业拟建和完善的信息化应用呈多元化

调查显示，中小企业在报税、建设企业内部网、接入互联网、电子邮件系统、会计电算化、生产过程的自动化、人力资源管理、财务管理、办公自动化、客户关系管理/呼叫中心/销售管理、电子商务/网络营销、信息化培训等31个方面都有需求。

10. 影响中小企业行动的主要因素是投资回报

虽然中小企业已认识到信息化的作用，但出于对投资回报的担心，以及中小企业自身实力的限制，多数企业在信息化上行动谨慎，投资力度普遍不大。主要表现在：一是中小企业通过贷款投资信息化的意愿较低；二是在政府提供优惠贷款服务的前提下，企业愿意投入的自有资金仍然较少。

三、中小企业信息化发展环境与服务体系的调查分析

中小企业信息化不仅是中小企业自身的问题，与服务网络建设及发展环境改善也有密切关联，通过调查发现以下情况。

1. 企业无力单独把握信息化是信息化的主要障碍

调查显示，中小企业在信息化过程中，有一些问题虽然出在企业自身，但解决问题需要政府支持和社会推动。

2．信息化效果不明显是排在第一位的建设和应用问题

调查显示，20.1%的中小企业认为信息化效果不明显，19.3%的企业反映资金不足，此外，还有缺乏信息化规划、业务与信息技术结合不紧密等，反映出服务平台建设引导滞后带来的一系列问题，需要在服务体系建设中加以解决。

3．龙头企业和社会服务平台是主要带动力量

调查显示，34.7%的企业开展信息化主要采用挂靠本行业龙头企业信息平台的方式，29.6%的企业依靠社会服务平台。

4．价格与适用性是信息化产品和服务的主要问题

调查显示，42.6%的企业认为市场上的中小企业信息化解决方案及配套产品过于昂贵；33.2%的企业认为当前的产品和服务不适合企业需求。

5．政府应当在营造信息化发展环境上下功夫

调查显示，中小企业对信息化发展环境的意见主要集中在政策环境方面，包括财税政策、网络安全、技术政策、人才政策等。这表明政府应当继续加大营造发展环境的力度。

四、推进中小企业信息化建设的政策建议

1．建立政府服务、社会服务相结合的中小企业信息化推进体系

调查显示，中小企业开展信息化主要以投资回报为导向，具体信息化需求以市场开拓为主；服务商则长于技术引导，希望通过服务获得更多利益；政府希望大规模普及能够提高中小企业生存、发展和创新的能力。这反映出推进中小企业信息化是企业、社会和政府互动的复杂系统工程。需要在政策指导下，建立以企业为主体，社会服务力量广泛参与，政府营造发展环境的中小企业信息化推进体系。

2．以服务体系建设为突破口，开创中小企业信息化新局面

（1）高度认识社会服务体系建设。从调查情况看，中小企业信息化不仅缺乏资金，而且有资金也不愿投入，关键是自建信息化的投资回报不符合中小企业信息化的发展规律。中小企业信息化存在小生产与大社会的矛盾，需要通过社会服务体系实现资源共享，降低集群协调费用，均摊信息化建设成本。因此，信息化社会服务体系建设，是中小企业信息化建设的突破口。需要从战略上提高认识，从中探索出中国特色的中小企业信息化发展道路。

（2）社会服务体系建设应以中小企业需求为导向。中小企业信息化社会服务体系应从企业需求入手，以资金、市场、信息、人才和技术五大需求为主线，建立服务商、服务平台、支撑环境相互协调的生态链，充分发挥各个方面积极性和优势，利用市场机制调动社会资源。

（3）支持和引导服务商建设规模化服务体系。应当大力推进规模化的信息化社会服务平台建设，使之形成服务网络。调查显示中小企业较多依靠行业龙头企业、第三方信息服务平台等实现信息化，应当鼓励这种与中小企业业务联系紧密的服务商规模化发展应用。还要引导服务商以中小企业需求为导向，通过提供低价、简单、适用的解决方案，取得中小企业信任,实现双赢。

3．加强营造中小企业信息化政策环境

调查显示,中小企业特别期望改善政策环境。其中,政策支持、人才培育、规范服务、建立信息库,是中小企业希望政府给予重要支持的主要方面。从调查情况看,在信息化建设中,一方面,企业不愿为自建而投资,即使有政府配套仍不愿投资;另一方面,却有19.3%的企业反映资金不足,49.2%的中小企业希望政府在资金、税收上予以引导、支持。产生这种矛盾现象的原因是,中小企业希望的是政府将资金投在社会服务上。因此,建议政府资金投入采用"先评估后补贴"的原则,以保障对服务体系的投入真正以中小企业需求为导向。

4．重点建设网络安全环境和信用环境

中小企业信息化支撑环境,是为服务体系本身提供支撑保障的商业发展环境,从中小企业反映存在不足的支撑环境来看,电子支付(8.2%)、物流配送(10.1%)、电信服务(8.8%)等都是重要方面,需要持续改善;但是从调查来看,中小企业反映更为迫切的是改善网络安全环境(24.1%)和信用环境(16.7%)。因此,当前应以网络安全环境和信用环境为重点改善中小企业信息化支撑环境。

5．改善中小企业信息化宣传普及方式

针对中小企业对信息化的接受特点,积极地采用"政府宣传、专家引路、典型示范、分类指导"等形象生动、内容多样的普及教育方式,对中小企业进行广泛的信息化宣传,普及应知应会,让更多中小企业及早入门。媒体、厂商应更加注重中小企业的需求,在宣传推广工作中,多介绍信息化对中小企业的实际价值和成功案例,把着眼点放在如何提高中小企业信息化的投资回报上。

6．大规模开展中小企业信息化培训工作

对于开展信息化的障碍因素,26.5%的企业认为是企业缺少懂信息化的人才,排在首位。因此,应当由政府搭台,发动全社会力量,大规模推进信息化培训工程,开展不同形式、不同层次、不同对象的中小企业信息化培训,特别要重视对中小企业决策和管理人员的培训。

 知识训练

一、填空题

1．信息产品调查,是指信息技术企业为某一特定的市场问题,运用科学的方法,系统地搜集、整理和分析有关市场信息资料,对_____进行反映和描述,以认识_____的过程。

2．信息产品市场调查,一般由四个主要步骤组成:_____、_____、执行

市场调查计划、撰写市场调查报告。

3. 信息产品调查计划的内容一般包括调查研究背景、_____、_____、调查方法、调查人员、调查日程、调查经费预算、调查质量控制措施等内容。

4. 信息产品调查范围确定可选择的方式包括_____、_____、典型调查和抽样调查等。

5. 信息产品调查报告，是指对信息产品市场调查的问题和数据进行分析研究而形成的一种反映_____的现状，对_____提出相关建设性建议的报告。

二、判断题

1. 信息产品调查是一种有目的、有意识地认识市场，为企业的营销策划和营销决策提供信息资料而开展的活动。（   ）

2. 直接调查法，是指由信息技术企业的市场调查人员亲自搜集第一手资料，经过分析判断得出调查结论的调查方法，它是进行市场调查的首选方法。（   ）

3. 实验调查法，是搜集因果关系方面信息最适当的方法之一，它主要是通过改变影响调查对象的某些因素的值，而保持其他因素不变，以此来衡量因素改变对调查对象的影响效果。（   ）

4. 重点调查是一种被广泛使用的有效的调查方式，它克服了典型调查方式的主观随意性和样本代表性不强的弱点，又克服了全面调查组织困难与费用高的不足，是一种比较科学和客观的调查方式。（   ）

5. 调查问卷设计，是指信息技术企业调查设计人员根据调查目的和要求，将所需调查的问题具体化，使调查人员能顺利获取调查信息资料的一种手段。（   ）

三、选择题

1. 为研究市场现象与影响因素之间客观存在的联系而进行的市场调查，是指（   ）。

　　A. 探索性调查　　B. 描述性调查　　C. 因果性调查　　D. 研究性调查

2. 企业调查人员通过与被调查者面对面的访谈而获得资料的调查方法，是指（   ）。

　　A. 电话调查　　B. 留置调查　　C. 邮寄调查　　D. 面谈调查

3. 一般来说，改变商品品质、商品包装、调整商品价格、推出新产品、变动广告形式与内容、变动商品陈列等情况，应采用（   ）来调试其效果。

　　A. 观察调查法　　B. 实验调查法　　C. 访问调查法　　D. 网络调查法

4. 以下属于市场调查外部资料来源的是（   ）。

　　A. 公开出版的图书　　　　B. 企业的会议记录

　　C. 进货统计　　　　　　　D. 销售报告

5. 对某学校学生的手机消费行为进行调查，则该学校的所有学生构成本次调查的（　　）。

  A. 调查单位　　　　B. 调查人员　　　　C. 调查对象　　　　D. 调查内容

技能训练

信息产品市场调查

● 案例背景

  广东联华计算机有限公司是一家专业生产家用计算机的公司。经过近30年的努力，公司有了长足的发展，为助力乡村振兴，有效拓展公司的发展空间，增强公司的市场竞争力，2024年公司决定投产开发一种专供农村家庭用的计算机。在投产之前，公司希望深入详细地了解该产品的消费者需求、市场竞争状况等信息，于是决定由公司市场营销科牵头开展一个月的市场调查活动。

  请以公司市场营销科的名义向公司总经理提交一份开展市场调查的调查计划书和市场调查问卷，并完成市场调查技能训练报告。

● 目的要求

  1）能认识并实现组织分工与团队合作；

  2）能撰写出符合格式要求的信息产品调查计划书；

  3）能设计出符合营销目标要求的信息产品调查问卷；

  4）能整理总结出信息产品调查课题分析报告；

  5）能清晰地口头表达出信息产品调查实训心得。

● 训练指导

  1）组建实训课题小组：将教学班学生按每小组6～8人的标准划分成若干课题小组，每个小组指定或推选出一名小组长。

  2）确定实训小组课题：每个小组根据信息产品市场调查背景资料的要求，制作完成一份信息产品市场调查计划书和一份调查问卷。

  3）实施调查课题研究：各小组长根据信息产品市场调查的计划，调配资源，明确各组员的任务，并督促大家有效地完成任务，包括信息产品市场调查计划书的草拟、修改和定稿，信息产品市场调查问卷项目的确定，信息产品市场调查课题分析报告的撰写、打印，以及小组的发言等。

  4）撰写实训课题报告：每个小组完成一份信息产品市场调查课题分析报告。

  5）陈述调查实训心得：由各个小组推荐的发言人或小组长代表本小组陈述本小组实训课题分析报告和实训心得。

第 3 章　信息产品营销环境

学习目标

1. 知识目标

（1）能理解和列举信息产品营销环境的内容。
（2）能列出和掌握 SWOT 分析的内容和应用。
（3）能熟记和列举信息产品营销职业道德。
（4）能熟记和应用马斯洛需要层次理论。
（5）能列举影响消费者购买行为的因素。
（6）能理解和掌握消费者购买行为分析。

2. 能力目标

（1）能综合运用本章知识剖析现实案例。
（2）能依据案例背景撰写信息产品 SWOT 分析表。
（3）能撰写信息产品 SWOT 分析技能训练报告。

3. 素质目标

刻苦钻研，把小事做到极致。

重点难点

1. 信息产品营销环境构成。
2. 信息产品 SWOT 分析。
3. 信息产品营销职业道德。
4. 消费者购买行为分析。

情智故事

差了 0.1 公分

著名书法家欧阳先生在大学担任书法博士生导师,书法博士小叶是他的学生。有一次,欧阳先生把小叶叫到办公室对他说:"这个字错了。"小叶仔细瞧了又瞧,说:"老师,这个字并没有错呀。"欧阳先生神情严肃地说:"错了就是错了,拿回去仔细对比临摹。"

小叶只好把"错字"拿回来,翻来覆去地对比临帖,依然没有发现哪里有错。便回去对欧阳先生说道:"这个字看不出来哪里有错。老师,请问它到底错在哪里呢?"欧阳先生叹了一口气,从办公桌抽屉里取出一把尺子,然后轻轻地把尺子放在"错字"的一个位置上测量,说:"1.9 公分。这里本应是 2 公分才对,错了吧。拿回去重新临摹。"

小叶不服气地嘀咕着:"不就是差了 0.1 公分吗,肉眼根本看不出来。老师您教的是博士生,又不是幼儿园的小朋友。"欧阳先生听了这话,语重心长地对他说:"你不要以为你是博士就什么都会,如果你这方面的本事还在幼儿园阶段,你就得从幼儿园阶段做起。凡是你的短板,你没有达到的能力,不管你是博士还是教授,你该从哪做起就得从哪做起,这才叫学,才能学到位。"

小叶听后无比惭愧。从此,他一直遵从欧阳先生的教诲,对于每个字的高低位置、长短关系等都进行深入细致地学习和研究,从不漏过任何一个细节,终于学有成效,成为著名的书法家。

情智点评:一个字,应是一件非常普通的小事,却可以从中看出欧阳先生的严谨和严格,把一件微不足道的小事做到极致,就成了"专家"。这是信息产品营销人员应具备的品质,在营销工作中必须保持刻苦钻研的态度,深入细致地学习和研究,关注每一个细节,及时把握顾客的需求变化。

3.1 信息产品营销环境分析

3.1.1 信息产品营销环境概述

信息技术企业作为社会经济组织或社会细胞,与其他企业一样,总是要在一定的环境条件下开展市场营销活动,因此,市场营销环境对信息技术企业的生存与发展具有重要意义。信息技术企业必须重视对市场营销环境的分析与研究,并根据市场营销环境的变化制定切实可行的市场营销战略与策略，以实现自己的市场营销目标。

市场营销环境，是指与企业营销活动有潜在关系的所有外部力量和相关因素的集合。信息产品营销环境，是指影响信息技术企业生存与发展的各种外部因素与内部条件。

1. 信息产品宏观环境

信息产品宏观环境，是指那些给企业带来市场营销机会和形成环境威胁的外部因素，包括人口、经济、自然、科学技术、政治法律、社会文化等多方面的因素。

2. 信息产品行业环境

行业环境一般是指中观的环境，是信息企业所处行业的状况，一般用波特的五种竞争力理论模型来衡量，包括行业内现有企业间的竞争、新进入者的威胁、替代品的威胁、供应商议价能力和买方议价能力。

3. 信息产品微观环境

信息产品微观环境，是指企业可以控制或施加影响的，对企业营销活动构成直接影响的因素，包括与信息技术企业紧密相连，直接影响其营销能力的供应商、营销中间商、顾客、竞争者及社会公众和影响其营销管理决策的信息技术企业内部各个部门及员工。

3.1.2 信息产品宏观环境分析

1. 人口环境

人口环境，是指影响信息技术企业营销活动开展的人口总量及其特性因素。市场由人口、购买力和购买欲望三个要素构成，其中，人口是构成市场的第一要素，人口的多少决定着市场容量的大小。一般来说，人口越多，市场规模就越大。另外，人口的年龄结构、地理分布、婚姻状况、人口密度、人口流动性及其文化教育程度等特性，也会对市场格局产生深刻的影响，并直接影响着信息技术企业的市场营销活动。因此说，人口环境是信息产品营销人员在研究市场营销环境时最应重视的因素之一。

2. 经济环境

经济环境，主要是指影响信息技术企业营销的购买力因素。购买力是构成市场的第二要素，而社会购买力的大小是受宏观经济环境制约的，是经济环境的反映。影响购买力的因素主要有消费者收入水平、消费信贷、消费结构等。

（1）消费者收入水平

消费者收入水平是影响购买力的最重要的因素，消费者收入水平的高低，直接影响着消费者购买力的大小。然而，消费者并不是将其全部的收入都用来购买商品，消费者的购买力只是其中的一部分。因此，对消费者收入水平进行分析，首先要明确"个人收入""个人可支配收入""个人可任意支配收入"等几个基本概念。

个人收入，是指消费者个人从各种来源中所取得的全部收入，包括消费者个人的工资、退休金、红利、租金、馈赠收入等。个人可支配收入，是指在个人收入中扣除税款和非税性负担后所得的余额，它是个人收入中可以用于消费支出或储蓄的部分，它构成实际的购买力。个人可任意支配收入，是指在个人可支配收入中减去用于维持个人与家庭生存不可缺少的费用（如房租、水电、食物、燃料、衣着等项开支）后剩余的部分。它是消费需求变化中最活跃的因素，是企业开展营销活动时所要考虑的主要因素。

（2）消费者信贷

消费者的购买力还受到消费者的储蓄与信贷的影响。消费者信贷，表现为两种情况，一是储蓄与消费支出的比例。一般情况下，储蓄与消费支出呈反比关系。储蓄通常被看作是一种推迟了的、潜在的购买力，但在一定时期内，在消费者实际收入水平不变的情况下，如果储蓄增加，消费者的购买力和消费支出必然会减少。二是消费信贷，也称信贷消费，是指消费者凭借其个人信用先取得商品使用权，然后按期归还贷款的一种信贷消费方式。消费信贷实际上就是消费者提前支取未来的收入，提前消费，这将增大一定时期内消费者的购买力。

（3）消费结构

消费结构，也称消费支出模式，是指消费者收入中用于衣食住行及娱乐、健康、教育等方面支出的比例。消费结构主要影响着市场商品结构，进而影响到企业的投资方向。衡量消费结构变化的最重要的指标就是恩格尔系数。

恩格尔系数是衡量一个国家、地区、城市、家庭生活水平高低的重要参数。恩格尔系数是指消费中用于食物方面的支出占家庭总支出的比重，即：

$$恩格尔系数 = 食物支出 / 总支出 \times 100\%$$

恩格尔系数越高，食物支出占总消费支出比重越大，则生活水平越低；反之，恩格尔系数越低，食物支出占总消费支出比重越小，则生活水平越高。

依据国家统计局的资料，从1978年到2021年，全国居民恩格尔系数由63.9%降到29.8%。恩格尔系数的下降，说明我国居民消费结构发生了显著变化，生活质量显著提高。

3. 自然环境

自然环境，是指信息技术企业发展过程中所需的生态环境以及人们和政府对生态环境所采取的态度。随着经济的快速增长，国家深入推进环境污染防治，企业应加快发展方式绿色转型。目前，自然环境的变化主要表现为自然资源短缺、环保费用上升、公众生态需求增加、政府对环境保护的加强等。因此，对于信息技术企业来说，必须坚持不懈地奉行社会营销观念和绿色营销观念，坚定不移地推动绿色发展，实行清洁生产、文明生产，协调环境与发展的关系，促进人与自然和谐共生，使企业的发展既能满足人们的需要，又不对环境构成威胁，达到社会、经济、资源与环境的平衡与协调。

> **知识拓展 3-1　推动绿色发展，促进人与自然和谐共生**
>
> 党的二十大报告指出：大自然是人类赖以生存发展的基本条件。尊重自然、顺应自然、保护自然，是全面建设社会主义现代化国家的内在要求。必须牢固树立和践行绿水青山就是金山银山的理念，站在人与自然和谐共生的高度谋划发展。
>
> 加快发展方式绿色转型。推动经济社会发展绿色化、低碳化是实现高质量发展的关键环节。加快推动产业结构、能源结构、交通运输结构等调整优化。实施全面节约战略，推进各类资源节约集约利用，加快构建废弃物循环利用体系。完善支持绿色发展的财税、金融、投资、价格政策和标准体系，发展绿色低碳产业，健全资源环境要素市场化配置体系，加快节能降碳先进技术研发和推广应用，倡导绿色消费，推动形成绿色低碳的生产方式和生活方式。

4. 科学技术环境

科学技术环境，是指信息技术企业在产品的设计、开发、制造和营销过程中所受到的科技发展的影响。科学技术是社会生产力中最活跃的和决定性的因素，是第一生产力。作为重要的营销环境因素，它不仅直接影响信息技术企业的生产与经营，而且还同时与其他环境因素相互依赖、相互作用，影响信息技术企业的营销活动。

科技是第一生产力，科学技术的发展，对信息技术企业影响最大的是产品更新换代速度加快，产品的市场寿命周期大大缩短。在这种情况下，信息技术企业必须不断地进行技术创新，赶上技术进步的浪潮，否则，就将会被市场无情地淘汰。

知识拓展 3-2　科技是第一生产力

党的二十大报告指出：教育、科技、人才是全面建设社会主义现代化国家的基础性、战略性支撑。必须坚持科技是第一生产力、人才是第一资源、创新是第一动力，深入实施科教兴国战略、人才强国战略、创新驱动发展战略，开辟发展新领域新赛道，不断塑造发展新动能新优势。

我们要坚持教育优先发展、科技自立自强、人才引领驱动，加快建设教育强国、科技强国、人才强国，坚持为党育人、为国育才，全面提高人才自主培养质量，着力造就拔尖创新人才，聚天下英才而用之。

5．政治法律环境

政治法律环境，主要是指直接或间接地影响信息技术企业市场营销活动的各种政策、法律、法规以及社会团体的活动。信息技术企业开展市场营销活动，熟悉国家的政治法律环境是非常必要的，企业也只有了解并遵守国家的有关法律法规与政策，依法开展营销活动，才能得到国家法律法规的保护，得到国家有关政策的支持。

政治法律环境主要包括规范信息技术企业经营活动的法律法规，如中共中央、国务院印发的《数字中国建设整体布局规划》，工业和信息化部印发的《"十四五"软件和信息技术服务业发展规划》，以及《电子信息产品污染控制管理办法》《电子信息产品中有毒有害物质的限量要求》《电子信息产品中有毒有害物质的检测方法》《电子信息产品污染控制标识要求》《电子信息产品市场监督管理办法》等。

 知识拓展 3-3　建设数字中国是数字时代推进中国式现代化的重要引擎

《数字中国建设整体布局规划》（以下简称《规划》）指出，建设数字中国是数字时代推进中国式现代化的重要引擎，是构筑国家竞争新优势的有力支撑。加快数字中国建设，对全面建设社会主义现代化国家、全面推进中华民族伟大复兴具有重要意义和深远影响。

《规划》提出，到2025年，基本形成横向打通、纵向贯通、协调有力的一体化推进格局，数字中国建设取得重要进展。数字基础设施高效联通，数据资源规模和质量加快提升，数据要素价值有效释放，数字经济发展质量效益大幅增强，政务数字化智能化水平明显提升，数字文化建设跃上新台阶，数字社会精准化普惠化便捷化取得显著成效，数字生态文明建设取得积极进展，数字技术创新实现重大突破，应用创新全球领先，数字安全保障能力全面提升，数字治理体系更加完善，数字领域国际合作打开新局面。到2035年，数字化发展水平进入世界前列，数字中国建设取得重大成就。数字中国建设体系化布局更加科学完备，经济、政治、文化、社会、生态文明建设各领域数字化发展更加协调充分，有力支撑全面建设社会主义现代化国家。

6. 社会文化环境

文化，是一个社会规定人们行动的社会规范及式样的总体系，它由语言、宗教、价值观、生活方式、对物质财富和权势的态度、社会阶层等基本要素组成。文化是人们行动的基准和规范，是整个社会的重要组成部分，它具有以下基本特征：①文化的核心是价值观；②文化的中心是以人为本的人本文化；③文化的管理方式是以软性管理为主；④文化的重要任务是增强群体凝聚力。

社会文化环境，是指各种社会人文及文化因素的特定状况及其变化对信息技术企业市场营销活动的影响，主要包括伦理道德、风俗习惯、价值观念、宗教信仰、语言文字等。

3.1.3 信息产品行业环境分析

行业，是指由生产相近产品的企业所组成的集合。这些企业相互竞争，相互影响。依据美国哈佛大学教授迈克尔·波特的研究，一个行业内部的竞争状态取决于五种基本竞争作用力：行业内现有企业间的竞争、新进入者的威胁、替代品的威胁、供应商议价能力、买方议价能力（见图3-1）。企业面临的挑战就是需要通过准确地判断，在行业中找到适当的位置，使其能积极地影响这些力量，甚至能成功地战胜这些力量。

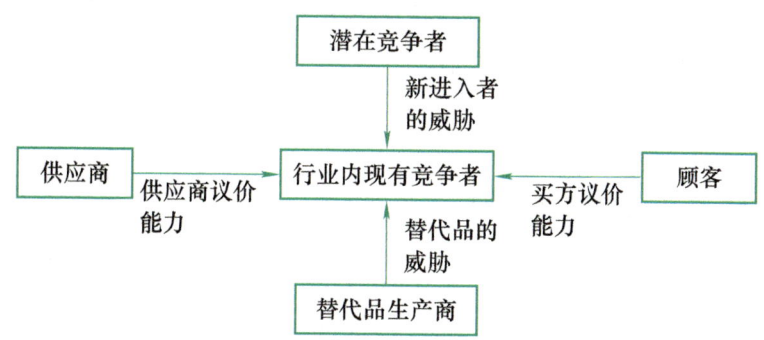

图3-1 影响行业竞争强度的五种作用力

1. 行业内现有企业间的竞争

现有企业之间的竞争往往是五种作用力中最重要的一种。影响行业内现有企业间竞争激烈程度的因素主要有：行业增长缓慢、行业存在大量或均衡的竞争对手、高额固定成本或库存成本的存在、缺少差异化或顾客转移成本低、高退出障碍等。

2. 新进入者的威胁

如果新进入者可以很容易地进入某行业，则该行业内的竞争强度将加剧。影响行业进入障碍的因素主要有：规模经济、产品差别化、转移购买成本、资本需求、在位优势、政府政策等。

3. 替代品的威胁

替代品是指那些来自不同行业的产品或服务，但这些产品或服务的功能与该行业相同或相似。替代品之间的替代关系越接近，替代品的价格越有吸引力或用户改用替代品能降低成本时，替代品带来的竞争压力将会增强。

4. 供应商议价能力

如果供应商的讨价还价能力强，则会加剧行业的竞争；反之，则会使行业的竞争强度减弱。影响供应商议价能力的因素主要有：要素供应方行业的集中化程度、要素替代品行业的发展状况、本行业是否是供方集团的主要客户、要素是否为该企业的主要投入资源、要素是否存在差别化或其转移成本是否低、要素供应方是否采取前向一体化的战略等。

5. 买方议价能力

如果顾客的讨价还价能力强，则会加剧行业的竞争；反之，则会减弱行业的竞争强度。影响买方议价能力的因素主要有：买方是否大批量或集中购买、买方这一业务在其购买额中的份额大小、产品是否具有价格合理的替代品、买方面临的购买转移成本的大小、本企业的产品是否是买方在生产经营过程中的一项重要投入、买方是否有后向一体化的战略、买方行业获利状况、买方对产品是否具有充分信息等。

3.1.4 信息产品微观环境分析

1. 企业内部环境

企业内部环境，是指影响信息技术企业市场营销活动开展的各种内部因素，主要包括企业的资源、能力和核心竞争力等。

（1）资源

资源是指企业用来为顾客提供有价值的产品或服务的生产要素。一般来说，资源可以分为有形资源和无形资源两大类（见表3-1）。

表 3-1 企业资源类别表

类　别	内　容	具体表现
有形资源	实物资源	企业厂房和设备的位置以及先进程度，获取原材料的能力
	财务资源	企业的借款能力，企业产生内部资金的能力
无形资源	组织资源	企业信息系统以及其正式的计划、控制和协调系统
	技术资源	技术的含量，如专利、商标、版权和商业机密
	人力资源	知识，信任，管理能力，组织惯例
	企业形象	理念识别，行为识别，视觉识别
	企业文化	精神文化，规范文化，行为文化

1）形象识别，是指将企业的经营理念、管理色彩、产品促销、商标设计等内容融为一体，运用整体性传播手段，来塑造良好的企业形象的一种经营策略。形象识别系统包括三个方面的内容。

① 理念识别（MI：Mind Identity），是企业经营管理的指导思想或观念，包括有企业价值观、经营哲学、企业精神、行为准则、活动领域（事业领域）。

② 行为识别（BI：Behavior Identity），是企业在其经营理念指导下所表现出的较为统一的行为特征，包括有对内行为识别：员工教育、工作环境、文体活动；对外行为识别：社会公益活动、市场调查、信息沟通。

③ 视觉识别（VI：Visual Identity），是由企业的广告、商标、包装、建筑物、服饰等一系列的具体"语言"所表达的较为统一的独特的企业形象，包括有企业名称、企业标志、标准字、标准色、商标、宣传标语口号。

案例 3-1　华为公司的愿景与使命

华为公司创立于 1987 年，是全球领先的 ICT（信息与通信）基础设施和智能终端提供商。目前华为约有 20.7 万名员工，业务遍及 170 多个国家和地区，服务全球 30 多亿人口。华为公司的愿景与使命是把数字世界带入每个人、每个家庭、每个组织，构建万物互联的智能世界。

2）企业文化，是指在一定的政治、经济、文化背景条件下，企业在生产与工作实践过程中所创造或逐步形成的价值观念、行为准则、作风和团体氛围的总和。企业文化主要由三个层次构成：

① 精神文化层。这是企业文化的核心层，主要由作为企业指导思想与灵魂的各种价值观与企业精神所组成。

② 规范文化层。这属于企业文化的中间层，主要由各种组织规范、组织准则、

组织制度所组成。

③行为（物质）文化层。这是企业文化的表层，主要由组织成员的行为和生产与工作的各种活动，以及这些行为与活动的各种物化形态所构成。

 案例 3-2　腾讯公司的企业价值观

正直：坚守底线，以德为先，坦诚公正不唯上

进取：无功便是过，勇于突破有担当

协作：开放协同，持续进化

创造：超越创新，探索未来

（2）能力

能力，也称企业资源转换能力，是指把企业资源加以统筹整合以完成预期任务和目标的技能。资源和利用资源的能力一道构成企业竞争优势的基础。企业的能力主要有三种类型（见表3-2）。

表3-2　企业能力类别表

企业能力类型	内　容
管理能力	计划、组织、领导、控制
职能领域能力	营销、人力资源、研发、制造、管理信息系统、财务
跨职能的综合能力	学习能力、创新能力、战略性整合能力

（3）核心竞争力

核心竞争力，是指能为企业带来相对竞争优势的资源与能力。作为企业竞争优势的来源，核心竞争力使企业在竞争中脱颖而出并能反映企业的特性。企业通过核心竞争力，能为产品和服务创造特有的价值，从而超越竞争对手。

在市场竞争中，企业要获得相对竞争优势，就要培育有价值的能力、稀有的能力、难以模仿的能力和不可替代的能力。有价值的能力，是指那些能为企业在外部环境中利用机会、降低威胁且能为顾客创造价值的能力；稀有能力，是指那些极少数现有或潜在竞争对手能拥有的能力；难以模仿的能力，是指其他企业不能轻易建立起来的能力；不可替代的能力，是指那些很难被了解、也很难被替代的能力。

2. 供应商和营销中介

供应商，是指向企业及其竞争者提供生产上所需资源的企业和个人，包括提供原材料、设备、能源、劳务和资金等。企业应选择在质量、价格以及运输、信贷、承担风险等方面条件均不错的供应商。

营销中介，是指在促销、分销以及把产品配送到最终购买者的企业和个人，

包括中间商、实体分配机构、营销服务机构、金融中介等。中间商，是指协助信息技术企业寻找顾客或销售商品的企业或个人；实体分配机构，主要是指物流公司，它是协助信息技术企业储存货物并把货物从产地运送到销售地的专业物流企业；营销服务机构，是指为信息技术企业的营销活动提供服务的企业或个人，包括营销调研公司、广告公司、咨询公司等。

3. 顾客

顾客，是指企业决定为之服务的目标人群。顾客需求是企业生存的源泉。顾客是企业市场营销活动的起点，也是市场营销活动的对象和终点，这是企业最重要的环境因素之一。企业必须紧紧围绕顾客需求这个中心来开展市场营销活动。

4. 竞争者

竞争者，是指在同一市场中，针对相似目标顾客群提供类似产品的企业。

（1）竞争者分析的内容

对竞争者的分析应集中于与其直接竞争的企业，通过竞争者的分析，企业应了解四个方面的内容：①什么东西驱动着竞争者，也就是说它未来的目的是什么；②竞争者正在做什么、能够做什么，即指其当前战略与策略；③竞争者对行业是怎么看的，即其想法；④竞争者的能力是什么，它的强项与弱点在哪里。

（2）竞争者分析的方法

竞争者分析的关键是收集相关的数据和信息。在掌握竞争者的相关数据和信息的基础上，企业可以选用市场占有率分析、财务状况分析、产能利用率分析、创新能力分析、领导力分析、企业文化分析等分析方法，从不同角度分析不同性质、不同力量的竞争者。在"读懂"对方的基础上，发展自己的能力，并形成相应的营销对策。

（3）竞争者的反应模式

一般来说，竞争者的反应模式有四种：①从容型竞争者，这类竞争者对竞争举措反应不迅速或不强烈；②选择型竞争者，这类竞争者只对特定类型的竞争举措做出反应；③凶猛型竞争者，这类竞争者对任何竞争举措都会迅速地做出强烈的反应；④随机型竞争者，这类竞争者的反应模式具有随机性，对同样的一种竞争举措，可能会也可能不会做出反应。

5. 公众

公众，是指对企业开展市场营销活动具有实际或潜在影响的一切团体和个人，包括融资公众、媒介公众、政府公众、社团公众、社区公众、一般公众、内部公众等。

公众对信息技术企业的生存与发展将产生巨大的影响，他们可能会增强企业实现其目标的能力，也可能会产生妨碍企业实现其目标的能力。因此，信息技术企业必须采取积极适应的措施，主动处理好与公众的关系，树立企业良好的形象，促进企业营销活动顺利地开展。

3.1.5 信息产品营销环境管理

信息产品营销环境管理，通常采用 SWOT 方法分析后实施管理。

1．信息产品 SWOT 的含义

SWOT，是指信息技术企业内部环境中的长处或优势（Strong）、弱点或劣势（Weak）和信息技术企业外部环境中的机会（Opportunity）与威胁（Threat）。

1）相对优势（Strong）：指信息技术企业在营销过程中相对于对手更加有利的条件，表现为技术、成本、产品差别化等方面的优势。

2）相对劣势（Weak）：指信息技术企业在营销过程中相对于对手更加不利的条件，表现为产品、成本、价格、促销、渠道等方面的劣势。

3）潜在机会（Opportunity）：指环境中有利于信息技术企业开展营销活动的因素，如经济上行、市场扩大、竞争对手失误等。

4）潜在威胁（Threat）：指环境中不利于信息技术企业营销的因素，对企业形成挑战，对企业的市场地位构成威胁，如政策限制、替代品增多、客户偏好改变等。

2．信息产品 SWOT 分析

SWOT 分析法是一种常用的企业优劣势比较分析法（见表 3-3），它是通过对企业内部环境中的长处（Strong）与弱点（Weak），企业外部环境中的机会（Opportunity）与威胁（Threat）的分析，来扬企业之长、避企业之短，寻找最佳营销决策方案的方法。

表 3-3 SWOT 分析表

	相对优势	相对劣势
优势与劣势	设计良好的战略； 强大的产品线； 宽阔的市场覆盖面； 良好的营销技巧； 品牌知名度高； 研发能力与领导水平高； 信息处理能力强； ……	不良战略； 过时、过窄的产品线； 不良的营销计划； 没有信誉； 研发能力下降； 部门之间争斗； 公司控制力量薄弱； ……

	潜在机会	潜在威胁
机会与威胁	核心业务拓展； 开发新的细分市场； 扩大产品系列； 将研发导入新领域； 打破进入堡垒； 寻找快速增长的市场； ……	公司核心业务受到攻击； 国内外市场竞争加剧； 为进入设置堡垒； 被兼并的可能； 新产品或替代品的出现； 经济形势的下滑； ……

3. 营销环境管理策略

（1）面对机会的策略

1）抢先策略：当市场机会比较明朗，企业有一定的实力去把握时，企业可以抢先一步、积极应对，开发新产品，抢占市场。

2）紧跟策略：当市场机会不太明朗，企业也没有足够的承受能力去承担其风险时，企业可以在领先企业开拓市场时，紧跟领先企业的市场步伐，开发新市场。

3）观望策略：当市场机会不明朗，其质量也不高时，企业可以先观望一段时间，待时机成熟一些后再做决定。

（2）面对威胁的策略

1）反抗策略：指试图限制或扭转不利因素的发展。

2）减轻策略：指通过调整市场营销组合策略等来改善环境适应，以减轻环境威胁的程度。

3）转移策略：指转移到其他盈利更多的行业或市场。

3.2 信息产品购买行为分析

3.2.1 信息产品消费需求分析

1. 需要的内涵及其理论

（1）需要的内涵

需要（NEED），是指人们没有得到基本满足的感受状态。它是人们生理上或心理上的一种缺乏的感觉，是人们因为生理上或心理上缺乏某种东西而产生的一种紧张的感觉，即所谓的"不足之感"。需要是人本身所固有的，它不能被营销者所创造。为更好地理解"需要"这个专业术语，必须把它与"欲望""需求"区分开来。

欲望（WANT），指人们想得到某种基本需要的具体满足物的愿望。它是人们想要消除或减轻不足之感而获得某类满足物的追求愿望,即所谓的"求足之愿"。

需求(DEMAND),指人们有能力购买并且愿意购买某个具体产品的欲望。它是"不足之感"和"求足之愿"的统一,是需要与欲望的统一。

(2)需要层次理论

需要层次理论是由美国心理学家亚伯拉罕·马斯洛(Abraham H.Maslow)于1943年提出来的,这一理论提示了人的需要与动机的规律。马斯洛提出人的需要可分为五个层次,即生理需要、安全需要、社交需要、尊重需要和自我实现需要。

1)生理需要。指维持人类自身生命的基本需要,如对衣、食、住、行的基本需要。这是人们一切需要中最基本的需要,是推动人们行动的主要动力。

2)安全需要。指人们希望避免人身危险和不受失去职业、财物等威胁方面的需要。如防止人身受到伤害、防止职业病的侵袭、避免经济上的意外灾害等。

3)社交需要。指人们希望与别人交往,避免孤独,与同事亲朋和睦相处、关系融洽的需要。如希望与同事之间保持良好的关系,朋友之间的友谊持久而真挚,进行社会交往并成为社会集体中的一员等。

4)尊重需要。指当第三层次需要满足后,人们开始追求受到尊重,包括自尊与受人尊重。即希望得到别人尊重自己的人格、承认自己的劳动,并给予尊敬、赞美、赏识等。

5)自我实现需要。指使人能最大限度地发挥潜能,实现自我理想与抱负的需要。这是最高层次的需要,如希望在社会科学、自然科学方面做出贡献,取得成就;成为一名科学家、出色的运动员或公司总裁等。

需要层次理论认为,不同层次的需要可同时并存,但只有低一层次需要得到基本满足之后,较高层次的需要才发挥对人行为的推动作用。同时,人的行为主要受优势需要所驱使,即在同一时期内同时存在的几种需要中,总有一种需要占主导、支配地位,称之为优势需要。并且,满足了的需要不会再成为激励力量。任何一种满足了的低层次需要并不因为高层次需要的发展而消失,只是不再成为主要激励力量。

2. 信息产品消费需求的特征

1)需求趋向个性化。随着经济的快速发展,人们的收入水平也迅速提高,消费者需求由原来低层次需求为主向高层次精神需求为主转变,同时,消费需求日益趋向个性化,对服务水平和产品的品质有了更高的要求。例如:同样是购买计算机,喜欢玩电子游戏

微课06
信息产品消费
需求的特征

的消费者首先关注的是计算机的运行速度，爱学习的消费者看重的是计算机的文字处理能力，喜欢音乐的消费者则重视计算机的音质等。

2）需求趋向流行性。消费者购买信息产品，越来越讲究消费的品位，期望将产品的效用评价与其个性特征融为一体，而消费品位是极易模仿而流行的，因此，许多信息产品都显现出流行化的趋势。

3）需求趋向品牌化。品牌的功能在于减少消费者选择产品所花费的心力，选择知名品牌无疑是一种省时、可靠又不冒险的决定。这一功能恰好符合消费者的消费心理。现在的消费者购买产品，已不仅仅是想得到一件能满足其实用需求的"实物产品"，而是需要一件既能满足其实用需求，又能满足其精神需求的"品牌产品"。

4）需求趋向感性化。现在的消费需求已从物质需求转向精神需求，推崇感性消费，特别看重产品的附加价值。具体表现为：①美学性，即要求使用的各种物品能具有符合其个性特征的美感和艺术欣赏性；②体感性，即通过眼、耳、鼻、舌等身体感觉器官对产品的实际接触，能感受到最大的愉悦；③心因性，即购买的产品，能带来精神、心理或宗教信仰等方面的满足。

3.2.2 信息产品购买动机分析

需要是购买动机的基础，是购买行为的起点，同样也是企业市场营销的出发点。动机，是指人们进行行动的内部原动力（或称内在驱动力），是激励人们行动的内在原因。购买动机，则指在购买消费活动中，使消费者产生某些购买行为的具体的内在驱动力。

购买动机是引起购买行为的关键因素，信息技术企业应高度重视消费者购买动机的分析与研究。消费者的购买动机一般包括：

1. 理智动机

理智动机，指建立在人的理性认识上的购买动机。它比较看重商品质量，讲求实用，对价格和售后服务更加关心。在具体购买活动中表现为求实倾向和求廉倾向。

求实倾向：指消费者在选购信息产品时，注重产品的使用价值，讲究实惠、使用方便，不大强调产品的外观、花色和款式。

求廉倾向：指消费者在选购信息产品时，特别注重产品的价格，对便宜、降价、处理的商品具有浓厚的兴趣，而对商品的花色、款式等外在形象不太注意。

2. 感情动机

感情动机，指由于人的情绪或情感需求所引起的购买动机。根据感情动机中不同的侧重点，可把它化解为四大心理倾向：求新倾向、求优倾向、求名倾向、求美倾向。

求新倾向：指消费者在选购信息产品时，不大计较产品的价格，而是把注意力集中在产品的外在形式上，他们总是期望领导消费新潮流。

求优倾向：指消费者在选购信息产品时，注重产品的内在质量，追求产品的质量优良，而对产品的外观式样、价格等不作过多地考虑。

求名倾向：指消费者在选购信息产品时，对名牌产品具有特殊的偏好，而对非名牌产品缺乏信任感，他们很注重产品的名称、产地、销售地点等。

求美倾向：指消费者在选购信息产品时，注重产品的式样、色调、造型等形式美，重视产品对环境的装饰作用和对人体的美化作用。

3．惠顾动机

惠顾动机，指在理智的经验和深厚的感情基础之上，消费者对某一品牌商品产生特殊的信任与偏好后，重复性、习惯性地购买该品牌商品的购买动机。

3.2.3 信息产品购买行为类型与分析

1．购买行为的类型

消费者购买行为，是指消费者通过支出（包括货币或信用）而获得所需商品或服务的选择过程。购买行为是建立在复杂多样的购买动机基础之上的，其类型主要包括四种（见表3-4）。

1) 复杂的购买行为：消费者初次购买差异性很大的耐用消费品时发生的购买行为。需要经过一个认真考虑过程，广泛收集各种有关信息，反复评估，最后慎重做出购买选择。

2) 寻求多样化购买行为：指为了使消费多样化而经常变换品牌的一种购买行为。

3) 化解不协调购买行为：消费者购买差异不大的商品时发生的一种购买行为。

4) 习惯性购买行为：一种简单的购买行为，一种常规的反应行为。购买时一般不需寻找、搜集有关信息，习惯性购买商品的行为。

表3-4 消费者购买行为类型

	购买时高度介入	购买时低度介入
品牌差异大	复杂的购买行为	寻求多样化购买行为
品牌差异小	化解不协调购买行为	习惯性购买行为

2．影响购买行为的因素

1) 个性因素。个性，是一个人身上表现出的经常的、稳定的、实质性的心理特征。个性的差别直接导致其购买行为的不同,个性因素主要包括个人的年龄、职业、收入、习惯、生活方式等。

2)社会因素。消费行为作为个人行为,首先受到个人因素的影响,但消费者作为整个社会生活群体的一个组成部分,又受到他所处的社会历史条件的制约和社会因素的影响,这主要包括社会文化、相关群体、社会阶层、家庭等,它们都将影响着消费者的购买行为。

3)经济因素。经济因素是影响消费者购买行为的直接因素,它主要包括消费者收入、消费品价格(包括消费品本身的价格、消费品的预期价格和相关的其他消费品的价格)等。

4)心理因素。消费者的购买行为受其心理的支配,影响消费者购买行为的心理因素包括激励、知觉、学习、态度等心理过程。激励,是指市场营销者设法激发足以引起消费者行为的动机,使之有利于企业营销目标的实现。知觉,是指人们通过感觉器官,对客观刺激物和情境的反应。学习,是人们受驱动力、刺激物、提示物(诱因)、反应、强化等一系列因素相互作用的过程。态度,是指人们对事物的看法,它体现着一个人对某一事物的喜好与厌恶的倾向,消费者的态度一旦形成很难改变。

3. 消费者购买行为模式

消费者购买行为模式中最具代表性的是刺激 - 反应模式,即市场营销和市场环境因素刺激消费者的潜在意识,消费者根据自己的特征处理这些信息,经过一定的决策过程,最后做出购买行为(见图3-2)。

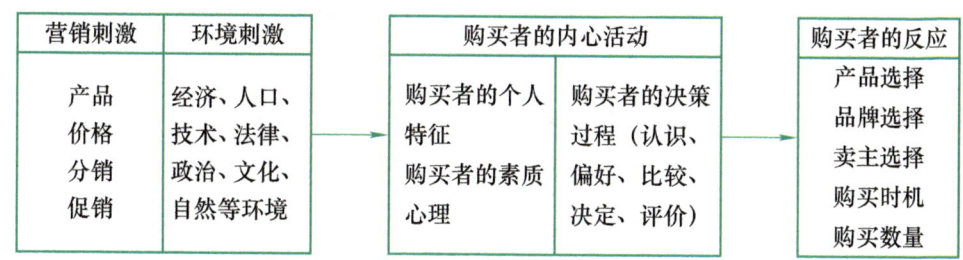

图 3-2 消费者购买行为模式

4. 消费者购买决策过程

1)确认需要。这是购买行为的起点,这一阶段企业应利用强烈的刺激以唤起及激发消费者的需求。

2)收集信息。消费者信息来源主要有个人来源、商业来源、大众来源和经验来源，其中最主要的是商业来源。在该阶段，企业应加大宣传力度，搞好产品的展示和陈列。

3）评价比较。这是决策过程的决定性环节，这一阶段，企业应努力树立自己的产品及品牌在消费者心目中的首要位置。

4）决定购买。该阶段，企业应提供详细的产品信息、销售服务，以促成其购买。

5）购后行为。常言道，"最好的广告是顾客的满意"。因此，此阶段企业应加强售后服务，改善消费者的购后感受。

5. 消费者购买行为分析

消费者购买行为分析，通常可以采用5W1H分析方法进行分析。5W1H分析法的内容包括以下五个方面：

1）WHAT：消费者购买行为追求的能满足自己需求的产品或服务是什么。

2）WHEN：消费者购买行为一般发生在什么时候。

3）WHERE：消费者获得该产品或服务一般通过什么渠道或消费者的购买行为一般发生在什么地点。

4）WHY：消费者购买的主要动机或目的是什么。

5）WHO：购买行为的发起者、影响者、决策者、执行者以及产品的最终使用者是谁。

6）HOW：消费者习惯或喜欢通过什么样的购物方式实现自己的购买行为。

知识训练

一、填空题

1. 市场营销环境对信息技术企业的生存与发展具有重要意义。信息技术企业必须重视对_____的分析与研究，并根据_____的变化制定切实可行的市场营销战略与策略，以实现自己的市场营销目标。

2. 信息产品宏观环境一般包括_____、_____、自然、_____、_____、_____及自然地理等因素。

3. 购买力是构成市场的第二要素，而社会购买力的大小是受宏观经济环境制约的，是经济环境的反映。影响购买力的因素主要有消费者收入水平、_____、_____等。

4. 核心竞争力，是指能为企业带来相对竞争优势的资源与能力。在市场竞争中，企业要获得相对竞争优势，就要培育_____、_____、难以模仿的能力和不可替代的能力。

5. 感情动机，指由于人的情绪或情感需求所引起的购买动机。根据感情动机中不同的侧重点，可把它化解为四大心理倾向：求新倾向、求优倾向、_____、_____。

二、判断题

1. 在消费者收入水平中，个人可支配收入是消费需求变化中最活跃的因素，是企业开展营销活动时所要考虑的主要因素。（   ）

2. 坚持负责原则，要求信息产品营销人员具有高度的自觉性和承担责任的勇气，必要时甚至要牺牲自己的利益。（   ）

3. 依据马斯洛的需要层次理论，任何一种满足了的低层次需要因为高层次需要的发展而消失，且不再成为激励力量。（   ）

4. 购买行为是引起购买动机的关键因素，是购买动机的基础，是购买动机的起点，同样也是企业市场营销的出发点。（   ）

5. 确认需要是购买行为的起点，在消费者确认需要的阶段，企业应利用强烈的刺激以唤起及激发消费者的需求。（   ）

三、选择题

1. 以下属于信息产品微观环境的是（   ）。

    A. 顾客环境　　　B. 人口环境　　　C. 经济环境　　　D. 法律环境

2. 在对信息技术企业 SWOT 分析中，对信息技术企业营销活动富有吸引力，且企业拥有竞争优势的领域，是指（   ）。

    A. 相对优势　　　B. 相对劣势　　　C. 环境威胁　　　D. 营销机会

3. 立足岗位、精益求精，努力成为一名优秀的信息产品营销人员。这属于哪个层次的需要（   ）。

    A. 安全需要　　　B. 社交需要　　　C. 尊重需要　　　D. 自我实现需要

4. 现在的消费者购买产品，已不仅仅是想得到一件能满足其实用需求的"实物产品"，而是需要一件既能满足其实用需求，又能满足其精神需求的"品牌产品"，这体现了信息产品消费需求的（   ）特征。

    A. 需求趋向个性化　　　　　　　　　B. 需求趋向流行性
    C. 需求趋向品牌化　　　　　　　　　D. 需求趋向感性化

5. 消费者信息来源中最主要的是（   ）。因此，企业应加大宣传力度，搞好产品的展示和陈列。

    A. 个人来源　　　B. 商业来源　　　C. 大众来源　　　D. 经验来源

信息产品 SWOT 分析

● 案例背景

广东联华计算机有限公司市场营销科经过市场调查,认为公司拟开发的专供农村家庭用计算机的市场发展潜力很大,公司于2024年决定投产开发这种专供农村家庭用的计算机。该产品具有很好的性价比,而且操作更为简单。另外,当前我国农村人均生活水平有了很大的提高,人们的可任意支配收入有了长足的增加;同时,国家正全面实行信息化下乡的政策,农村人对计算机产品的需求越来越旺盛。

请利用SWOT分析方法对该种计算机产品进行优势、劣势、机会、威胁四个方面的分析,并写出分析报告。

● 目的要求

1) 能认识并实现组织分工与团队合作;
2) 能撰写出符合格式要求的信息产品SWOT分析表;
3) 能整理总结出信息产品SWOT分析课题分析报告;
4) 能清晰地口头表达出信息产品SWOT分析实训心得。

● 训练指导

1) 组建实训课题小组:将教学班学生按每小组6-8人的标准划分成若干课题小组,每个小组指定或推选出一名小组长。

2) 确定实训小组课题:每个小组根据信息产品SWOT分析背景资料的要求,制作完成一份信息产品SWOT分析表。

3) 实施分析课题研究:各小组长根据信息产品SWOT分析的计划,调配资源,明确各组员的任务,并督促大家有效地完成任务,包括信息产品SWOT分析表的草拟、修改和定稿,信息产品SWOT分析课题分析报告的撰写、打印,以及小组的发言等。

4) 撰写实训课题报告:每个小组完成一份信息产品SWOT分析课题分析报告。

5) 陈述分析实训心得:由各个小组推荐的发言人或小组长代表本小组陈述本小组实训课题分析报告和实训心得。

第 4 章　信息产品定位决策

学习目标

1. 知识目标

（1）能理解和列举信息产品市场细分的概念和依据。
（2）能列举和运用信息产品市场细分的方法和程序。
（3）能列举和分析信息产品目标市场的标准与模式。
（4）能列出和掌握信息产品市场定位的要素与程序。
（5）能熟记和应用信息产品市场定位的依据与方法。

2. 能力目标

（1）能综合运用本章知识剖析现实案例。
（2）能依据案例背景创作信息产品广告语。
（3）能撰写信息产品广告语技能训练报告。

3. 素质目标

坚持差异化，创新性地为客户提供个性化的增值服务。

重点难点

1. 信息产品市场细分的方法。
2. 信息产品目标市场的选择。
3. 信息产品目标市场营销模式。
4. 信息产品市场定位的依据。
5. 信息产品广告语的创作。

 **情智故事**

小一号的简历

年底,市里在某职业院校组织一场大规模的毕业生双选会。大家从一接到消息就积极投入到了准备工作中去,其中最重要的莫过于准备一份精美的简历。学校为每一位同学准备了一种蓝色的简历封皮,A4纸大小,是学校特意找专业人员设计的。于是,大家将创意发挥到简历内容里,一个个都想方设法把内容做得更有特色一点。

而小涛的简历非常独特,他的简历居然比大家的简历整整小了一号,里面也没有过多的修饰。同学们都笑了起来,问道:"小涛,你不会连简历都偷工减料吧?"他笑了笑,顺口回答说:"我这叫节省资源!"

招聘会场,人山人海,每一个招聘人员面前都堆着小山般的简历。每一份简历投出后不久就会被新的简历压在下面。一直到招聘会结束,当招聘官们都开始收拾东西离去的时候,大家却迟迟没有离开,特意到几个大家比较抱有期望的公司展台上去看自己的简历处在什么"位置"。这时,大家惊讶地看到一本小一号的简历,几乎都摆在每个简历堆的最上面。那是小涛的简历。

大家诧异地问小涛:"你小子暗地里说了什么好话啊!招聘官居然都把你的简历放在最上面啊!那可是最佳位置啊,就是最好的机会啊!"

小涛笑着说:"其实也没有说什么啊,就是事先把简历做小了一号,招聘官大概都觉得不好堆在下面,只好放在最上面啦……"

他的创意果然得到了收获,他成了同学们中第一个找到工作的人。他以小一号的简历赢得了大一号的机会。

情智点评:小一号的简历,塑造了主人公与众不同的、带有鲜明个性及特色的形象,获得了意外的效果。信息产品营销人员在开展营销活动时,也一定要注意培养自己的差异化思维,因为只有与众不同的营销想法,才能带给人们与众不同的体验,从而赢得先机。

4.1 信息产品市场细分

4.1.1 信息产品市场细分概述

1. 信息产品市场细分的概念

信息产品市场细分,是信息技术企业根据消费者对信息产品需求的差异性,将某一信息产品的整个市场细分为若干个需求基本相同的消费群的活动。

市场细分理论最早由美国营销学专家温德尔·斯密在20世纪50年代提出，现已为理论界和企业界广泛接受并运用。有人称之为营销学研究中继"消费者为中心观念"之后的又一次革命。

2. 信息产品市场细分的理论基础：消费需求的异质性

根据消费需求的异质性与否，可以将整个信息产品市场分为同质市场与异质市场。

同质市场，简单地说就是消费需求基本相同的信息产品市场。即消费者对某一信息产品的需求相同或相似，对企业的营销策略反应相同或相似，这种信息产品的市场被称为同质市场。

异质市场，简单地说就是消费需求存在差异的信息产品市场。即消费者对某一信息产品的需求存在差异，如对产品的质料、特性、规格、档次、款式、质量、价格、包装等方面的需求是不同的，或者在购买行为、购买习惯等方面存在差异，这种信息产品的市场称为异质市场。

3. 信息产品市场细分的作用

1）有利于企业确定自己的目标市场。目标市场能否正确选择，直接决定着企业今后一系列发展战略的确定，决定了企业今后若干年的发展后劲。企业只有通过市场细分，将总体的大市场划分为若干小市场，才能根据自己的各方面条件从中选择合适的目标市场。

2）有利于分析和发掘新的市场机会。通过市场细分，一方面可以更准确地发现消费者需求的差异性和需求被满足的程度，更好地发现和抓住市场机会，规避风险；另一方面，可清楚地掌握竞争对手在各细分市场上的竞争实力和市场占有率的高低，以便更好地发挥自己的竞争优势。

3）有利于企业集中有限资源重点投放。企业，尤其是中小企业，其资源及市场经营能力是有限的，在整个市场上或较大的子市场上不是大企业的对手，只有在市场细分的基础上，见缝插针、拾遗补缺，集中有限的资源并形成规模优势，才能使自己在竞争中不断发展和壮大，取得不错的经营业绩。

4）有利于企业制定和调整市场营销策略。市场细分后，每个市场变的小而具体了，细分市场的规模、特点显而易见，消费者的需求清晰了，企业就可以根据不同的产品需求制定出不同的市场营销组合策略。否则，企业所制定的市场营销组合策略就会是无的放矢。

4.1.2 信息产品市场细分的方法

1. 地理细分

地理细分，是根据消费者所处的地理区域、地形气候等地理因素来细分市场。地理细分是市场细分最普遍的方法。地理细分表见表4-1。

表4-1 地理细分表

细分依据	可能的细分市场
地点	国内与国外、东南西北部、城市与乡村
地形	山区、平原、丘陵
气候	温暖、寒冷
规模	小、中、大
交通网络	公共交通、驾车、骑车、步行

2. 人口细分

人口细分，是根据人口统计资料所反映的内容来细分市场，如年龄、性别、收入、职业、文化水平等。人口是构成市场的基本要素之一，也是市场细分常用的依据。人口细分表见表4-2。

表4-2 人口细分表

细分依据	可能的细分市场
人口总量	根据需要定量
年龄	幼儿、儿童、青少年、中年、老年
性别	男、女
收入	高、中、低收入
教育	文盲、小学、初中、高中、大学
流动	连续居住两年以上、连续居住一年、居住一年以下
居住类型	游客、当地就职者、当地居民
职业	蓝领、白领、专业技术人员、政府官员
婚姻状态	单身、已婚、离异、丧偶
住户大小	单身住户、两口之家、三口之家或更多
民族或种族	汉族、回族、壮族等；黑人、白人、黄种人

3. 心理细分

心理细分，是根据消费者所处的社会阶层、生活方式、个性特点等对市场进行细分，如求美、求实、求新、求名等。心理细分表见表4-3。

表 4-3 心理细分表

细分依据	可能的细分市场
社会阶层	基层、中层、高层等
家庭生命周期	从未婚到寡居
人格	从内向到外向、从通情达理到顽固不化
态度	消极、中立、积极
创新性	创新、传统、落伍
舆论领袖	没有、一些、很多
语言	各种不同语言
兴趣爱好	运动、艺术、文学等
风格	求实、喜新、仿效、名牌

4. 行为细分

行为细分，是根据消费者对产品的购买动机、使用状态、信赖程度、品牌爱好等来细分市场。如购买计算机，有的注重实用、有的追求性能、有的关心价格。行为细分表见表 4-4。

表 4-4 行为细分表

细分依据	可能的细分市场
购买数量	大量、中量、小量
购买频率	经常性购买、偶尔购买
购买时间	常年购买、季节性购买、周一到周五、周六与周日
购买地点	集中购物中心、分散购物中心、网上购物
购买结构	从非正式到正式、从单个到联合
购买重要性	从不重要到很重要
使用率	少、适中、多
使用经验	从没有到很多
品牌忠诚	没有、一些、完全
产品功能	根据产品特征确定组合

4.1.3 信息产品市场细分的程序

信息产品市场细分的程序如下：

1）选定产品市场范围（尚未满足需求的产品）。

2）估计潜在顾客的基本需求。

3）分析潜在顾客的不同需求。

4）剔除潜在顾客的共同需求。

5）为细分市场定名。

6）进一步认识各细分市场的特点，作进一步细分和合并。

7）测量各细分市场的大小、从而估算可能获利水平。如计算机产品的市场细分结果如下（见表 4-5）：

表 4-5 计算机产品市场细分表

核心利益需求	细分市场命名			
	一步到位型	注重实用型	性能追求型	价格敏感型
稳定性与兼容性	*	**	**	*
可扩展性	*	*	**	*
配置	**	*	**	*
显示器	液晶	液晶/纯平	液晶	纯平
外观	*	**	*	
服务	**	***	***	
娱乐	*	**	*	*
DIY（自己动手做）			*	
易用性	*	**	*	*
网络功能	*	**	*	

注：* 表示受重视程度。

4.1.4 有效细分市场的标准

有效细分市场有如下四点标准：

1）可衡量性：信息技术企业对细分后界定的子市场，其规模和购买力可以衡量。

2）可接近性：细分后界定的子市场，企业可以有效地接近并为之服务。

3）可营利性：细分后界定的子市场的规模能保证企业获得足够的经济效益。

4）可实施性：信息技术企业自身有足够的能力针对有关子市场实施营销计划。

4.2 信息产品定位决策

4.2.1 信息产品目标市场选择

1. 信息产品目标市场选择标准

信息产品目标市场，是指在市场细分的基础上，信息技术企业选定的、准备以相应产品和服务去满足其需要的消费者群。信息产品目标市场选择标准包括：

（1）有一定的规模和发展潜力

信息技术企业进入某一市场是期望有利可图，如果市场规模过于狭小或者趋于萎缩状态，则企业进入后难以获得发展。因此，企业必须考虑该子市场是否具有吸引力，包括它的市场容量、成长性、营利性、规模经济性、风险性等，选择一个具有一定的规模和发展潜力的目标市场。

（2）符合企业的经营目标和能力

企业在选择目标市场时，必须考虑对子市场的投资与企业的经营目标和资源是否相一致。某些子市场虽然有较大的吸引力，但不符合企业的经营目标，就应该放弃；另外，也必须考虑本公司是否具备在该子市场获胜所必需的技术和资源。只有选择那些企业有条件进入、能充分发挥其资源优势的子市场作为目标市场，企业才会立于不败之地。

2. 信息产品目标市场营销模式

（1）集中性营销模式

也称密集性营销模式，是指信息技术企业集中所有力量，以一个或少数几个性质相似的子市场作为目标市场，制定一套营销方案，力图在较少的子市场上占有较大的市场份额。企业实行集中性营销模式，可选择的目标市场包括：

1）密集单一市场：指企业在众多的细分市场中只选择一个子市场作为营销的目标市场，进行集中营销。

2）有选择的专门化：企业同时选择几个相关度很小或根本没有关系的细分市场作为营销的目标市场，但每个细分市场都有可能赢利。

3）市场专门化：企业为满足某个顾客群体的多种需要而向他们提供多种产品或服务。

4）产品专门化：企业只生产或销售某一种类的产品，把它推向不同的市场。

（2）完全市场覆盖模式

完全市场覆盖模式，是指企业通过生产各种产品和提供各种服务，全方位地满足整体市场的需求。完全市场覆盖模式下，企业可以通过无差异营销策略和差异性营销策略达到覆盖整个市场的目的。

1）无差异营销策略：指企业在市场细分后，不考虑各子市场的特性，而只注重子市场的共性，决定只推出单一产品，运用单一的市场营销组合，力求在一定程度上满足尽可能多的顾客的需求。

2）差异性营销策略：指企业决定同时为多个子市场服务，设计不同的产品，并在营销组合上加以相应的改变，以适应各个子市场的需要。

4.2.2 信息产品市场定位决策

1. 信息产品市场定位的要素

信息产品市场定位，是指信息技术企业根据现有产品在市场上所处的位置，塑造本企业与众不同的、有鲜明个性或特色的形象，以适合目标消费者的需要或偏好。市场定位的实质就是要使本企业的产品与其他企业严格区分开来，使消费者明显感觉和认识到这种差别，从而在消费者心目中占有特殊的位置。信息产品市场定位的要素主要包括：

1）确定产品特色。市场定位的出发点和根本要素就是要确定产品的特色。企业首先要了解市场上竞争者的定位状况，他们提供的产品或服务具有哪些特点；其次要了解消费者对某类产品各属性的重视程度。在此基础上，结合企业的自身条件，确定企业产品的特色。

2）树立市场形象。企业所确定的产品特色，是企业有效参与市场竞争的优势。要使这些独特的优势发挥作用，影响消费者的购买决策，需要以产品特色为基础树立企业鲜明的市场形象，通过积极主动而又巧妙地与消费者沟通，引起消费者的注意与兴趣，求得消费者的认同。

3）巩固市场形象。消费者对企业的认识不是一成不变的。由于竞争者的干扰或沟通不畅，会导致企业的市场形象模糊，使消费者对企业的理解出现偏差，态度发生转变。因此，建立市场形象后，企业还应不断地向消费者提供新的论据和观点，及时矫正与市场定位不一致的行为，巩固市场形象，维持和强化消费者对企业的看法和认识。

2. 信息产品市场定位的依据

1）档次定位：依据信息产品的不同档次进行市场定位。

2）特色定位：依据信息产品的内在特色进行市场定位。

3）利益定位：依据信息产品向消费者提供的利益进行定位。

4）使用者定位：依据信息产品与某类消费者的生活形态和生活方式的关联来进行市场定位。

5）文化定位：依据信息产品的文化特点进行市场定位。

6）功效定位：依据信息产品的功效进行市场定位。

7）品质定位：以产品优良的或独特的品质作为诉求内容的市场定位。

8）首席定位：强调产品在同行业或同类产品中的领导地位、专业性地位的市场定位。

9）概念定位：使产品在消费者心目中占据一个新的位置、形成一个新的概念、甚至造成一种思维定式的市场定位。

10）比附定位：也称攀附名牌，以沾名牌之光而使自己的品牌生辉的市场定位。如明确承认同类产品中另有最负盛名的品牌，自己只不过是第二而已。

11）质量—价格定位：将质量与价格结合起来构筑品牌识别的定位。

12）企业理念定位：企业用自己的具有鲜明特点的经营理念和企业精神作为定位诉求的市场定位。如"构建万物互联的智能世界"是华为公司的一句响彻全球的口号，是华为公司经营理念的精髓所在。

3. 信息产品市场定位的方法

1）初次定位：新成立的企业或企业新品牌、新产品初次投入市场，或产品进入新市场时，企业对产品所进行的市场定位。

案例 4-1　小米手机独特的产品定位

小米公司正式成立于2010年4月，是一家以智能手机、智能硬件和IoT平台为核心的消费电子及智能制造公司。创立至今，小米已成为全球领先的智能手机品牌之一，智能手机全球出货量稳居前列，并已建立起全球领先的消费级AIoT（人工智能和物联网）平台。截至2022年12月31日，集团业务已进入全球逾100个国家和地区。小米公司始终坚持做"感动人心、价格厚道"的好产品，让全球每个人都能享受科技带来的美好生活。

2）重新定位：企业在市场情况或自身能力发生变化时决定改变原有市场形象，确定新的市场形象而进行的市场定位。

3）对峙定位：企业选择靠近于现有竞争者或与现有竞争者重合的市场位置，争夺同样的顾客所进行的市场定位。

4）回避定位：企业回避与目标市场上的现有竞争者直接对抗，将其位置定位于市场空白点的市场定位。

案例 4-2　听得见的语音　看得见的未来

科大讯飞股份有限公司成立于1999年，是亚太地区知名的智能语音和人工智能上市企业。自成立以来，一直从事智能语音、自然语言理解、计算机视觉等核心技术研究并保持了国际前沿技术水平；科大讯飞积极推动人工智能产品和行业应用落地，致力让机器"能听会说，能理解会思考"，用人工智能建设美好世界。

作为技术创新型企业，科大讯飞坚持源头核心技术创新，多次在语音识别、语音合成、机器翻译、图文识别、图像理解、阅读理解、机器推理等各项国际评测中取得佳绩。两次荣获"国家科技进步奖"及中国信息产业自主创新荣誉"信息产业重大技术发明奖"，被任命为中文语音交互技术标准工作组组长单位，牵头制定中文语音技术标准。

科大讯飞在智能语音和人工智能核心研究和产业化方面的突出成绩得到了社会各界和国内外的广泛认可。

4. 信息产品市场定位的步骤

1）分析市场竞争态势与本企业的竞争优势。

确定企业的竞争优势就是一个"知己知彼"的过程，在此过程中主要是要回答以下三个问题：一是竞争对手的市场定位如何？二是目标市场需求满足程度如何，还缺什么？三是面对竞争者的市场定位和目标市场的需求，企业应该和能够做什么？通过对这三个问题的回答，企业就可以把握和确定自己的潜在竞争优势了。

2）发掘与选择企业相对竞争优势，确立市场定位。

选择企业相对竞争优势的目的是在局部树立起绝对优势。选择企业相对竞争优势的过程就是将企业各方面的实力与竞争者进行比较的过程。比较的内容包括经营管理、技术开发、采购、生产、市场营销、财务、产品等。

3）凸现本企业独特的竞争优势，准确传播市场定位。

这一步骤的主要任务是沟通，即通过有计划地宣传、广告、促销等活动，将本企业的竞争优势准确地传播给消费者，使他们了解、认同、喜欢和偏爱本企业的市场定位，在消费者心目中建立起与该定位相一致的形象。

> **案例 4-3**　对标 ChatGPT，百度"文心一言"生成式 AI 产品
>
> 2023 年 3 月，百度于北京总部召开新闻发布会，主题围绕新一代大语言模型、生成式 AI 产品"文心一言"。"文心一言"定位于人工智能基座型的赋能平台，将助力金融、能源、媒体、政务等千行百业的智能化变革。
>
> 作为扎根于我国市场的大语言模型，"文心一言"具备中文领域先进的自然语言处理能力，在中文语言和中国文化上有更好的表现。"文心一言"某种程度上具有了对人类意图的理解能力，回答的准确性、逻辑性、流畅性都逐渐接近人类水平。
>
> "文心一言"是新一代知识增强大语言模型，是在 ERNIE 及 PLATO 系列模型的基础上研发的。它的关键技术包括监督精调、人类反馈的强化学习、提示、知识增强、检索增强和对话增强。前三项是这类大语言模型都会采用的技术，ERNIE 和 PLATO 中也已经有应用和积累，在"文心一言"中又有了进一步强化和打磨；后三项则是百度已有技术优势的再创新，也是"文心一言"未来越来越强大的基础。
>
> 目前，百度是全球大厂中第一个做出对标 ChatGPT 产品的企业。百度 CEO 指出："无论是哪家公司，都不可能靠突击几个月就能做出这样的大语言模型。深度学习、自然语言处理，需要多年的坚持和积累，没法速成。"可以说，"文心一言"是百度过去多年努力的延续。人类进入人工智能时代，IT 技术的技术栈发生了根本性变化，从过去三层到"芯片—框架—模型—应用"四层。今天，百度是全球为数不多、在这四层进行全栈布局的人工智能公司，从高端芯片昆仑芯，到飞桨深度学习框架，再到文心预训练大模型，到搜索、智能云、自动驾驶、小度等应用，各个层面都有领先业界的自研技术。

知识训练

一、填空题

1. 信息产品市场细分的理论基础：_____。根据消费需求的异质性与否，可以将整个信息产品市场分为同质市场与_____。
2. 信息产品市场细分，是信息技术企业根据消费者对信息产品_____，将某一信息产品的整个市场细分为若干个_____基本相同的消费群的活动。
3. 信息产品市场定位，是指信息技术企业根据现有产品在市场上所处的位置，塑造本企业_____、_____或特色的形象，以适合目标消费者的需要或偏好。
4. 信息产品市场定位的实质就是要使本企业的产品与其他企业严格区分开来，信息产品市场定位的要素主要包括有：确定产品特色、_____、_____。
5. 信息产品目标市场，是指在_____的基础上，信息技术企业_____，准备以相应产品和服务去满足其需要的消费者群。

二、判断题

1. 有效细分市场要求具有可接近性，即细分后界定的子市场的规模和购买力可以衡量。（   ）
2. 企业在选择目标市场时，必须考虑对子市场的投资与企业的经营目标和资源是否相一致。只有选择那些企业有条件进入、能充分发挥其资源优势的子市场作为目标市场，企业才会立于不败之地。（   ）
3. 市场定位的实质就是要使本企业的产品与其他企业严格区分开来，使消费者明显感觉和认识到这种差别，从而在消费者心目中占有特殊的位置。（   ）
4. 企业一旦建立好市场形象，就不必继续投入资源，维持和强化消费者对企业的看法和认识。（   ）
5. 首席定位是使产品在消费者心目中占据一个新的位置、形成一个新的概念、甚至造成一种思维定式的市场定位。（   ）

三、选择题

1. 将市场细分为青少年市场和中老年市场，这采用的是（   ）细分依据。
   A. 地理细分　　　B. 人口细分　　　C. 心理细分　　　D. 行为细分
2. 消费者购买计算机，有的注重实用、有的追求性能、有的关心价格，依此进行市场细分，体现的是（   ）。
   A. 地理细分　　　B. 人口细分　　　C. 心理细分　　　D. 行为细分
3. 企业进行市场定位的出发点和根本要素是（   ）。
   A. 确定产品特色　　　　　　　　B. 树立市场形象
   C. 巩固市场形象　　　　　　　　D. 强化产品优势

4. 依据信息产品向消费者提供的利益进行的市场定位，是指（　　）。
   A. 档次定位　　　B. 特色定位　　　C. 利益定位　　　D. 文化定位
5. 企业回避与目标市场上的现有竞争者直接对抗，将其位置定位于市场空白点的市场定位，是指（　　）。
   A. 对峙定位　　　B. 重新定位　　　C. 初次定位　　　D. 回避定位

技能训练

信息产品广告语写作

🞂 案例背景

广东联华计算机有限公司是一家民营科技企业，主要生产计算机产品，产品在珠三角地区有一定的知名度。为有效地开拓广东的农村市场，同时更好地树立企业及其产品的形象，公司决定向全体员工征集一则既能体现企业产品特点，又能体现企业团结奋进、积极向上、顾客至上的经营宗旨的有创意的广告语，广告语要求限制在20个字以内。

若你是公司的一名员工，请为联华计算机公司创作一则有创意的广告语，并详细地写出创意思路及其寓意。

🞂 目的要求

1）能认识并实现组织分工与团队合作；
2）能撰写出符合创意要求的信息产品广告语；
3）能整理总结出信息产品广告语写作课题分析报告；
4）能清晰地口头表达出信息产品广告语写作实训心得。

🞂 训练指导

1）组建实训课题小组：将教学班学生按每小组6～8人的标准划分成若干课题小组，每个小组指定或推选出一名小组长。

2）确定实训小组课题：每个小组根据信息产品广告语创作背景资料的要求，完成一则信息产品广告语的创作。

3）实施创作课题研究：各小组长根据信息产品广告语创作的计划，调配资源，明确各组员的任务，并督促大家有效地完成任务，包括信息产品广告语的草拟、修改和定稿，信息产品广告语创作课题分析报告的撰写、打印，以及小组的发言等。

4）撰写实训课题报告：每个小组完成一则信息产品广告语创作的课题分析报告。

5）陈述写作实训心得：由各个小组推荐的发言人或小组长代表本小组陈述本小组实训课题分析报告和实训心得。

第5章 信息产品营销战略

学习目标

1. 知识目标

（1）能叙述和列举信息产品营销战略的特征与要素。

（2）能熟记和列举信息产品竞争战略的工具与类型。

（3）能理解和掌握波士顿咨询公司分析法的运用。

（4）能理解和掌握多因素投资组合矩阵法的运用。

（5）能叙述和列举信息产品发展战略的类型。

（6）能叙述和列举信息产品营销计划的要求与构成。

（7）能理解和掌握信息产品营销计划的实施与控制。

2. 能力目标

（1）能综合运用本章知识剖析现实案例。

（2）能依据案例背景撰写信息产品营销计划书。

（3）能撰写信息产品营销计划技能训练报告。

3. 素质目标

成功的秘诀不在于一蹴而就，而在于坚韧不拔、不畏困难、持之以恒。

重点难点

1. 信息产品营销战略。
2. 信息产品竞争战略。
3. 信息产品发展战略。
4. 信息产品营销计划撰写。

情智故事

刘湘宾——坚韧不拔，决不退缩

刘湘宾是陕西航天时代导航设备有限公司首席技师。2018年5月，刘湘宾转入石英半球谐振子研究，有人提醒他：石英玻璃易崩易裂，零件加工精度要求又高，是国际难题。刘湘宾没有退缩，查资料、访同行、绘图、建模……那一阵，他通宵加班的次数更多了，回家也满脑子都是微米级的精度尺寸，一度熬得视线模糊。

"实验做了无数次，每天面对失败，不止一次想放弃，但最后还是把自己逼回去了。"一天半夜，刘湘宾从睡梦中惊醒，披衣而起，一路小跑到车间，把产品全部量了一遍。原来，他晚上梦到自己白天加工的产品多了5微米，量完后发现，尺寸都对。

2019年2月，刘湘宾远超预定要求，成功攻关，终于打通了该型号研制的瓶颈，为我国航空、船舶、新型防务装备、卫星研制提供了技术保障，使我国成为惯导领域超精密加工的"领跑者"。

情智点评：面对国际难题，刘湘宾没有退缩，凭借着坚韧不拔、百折不挠的劲头，成功攻关石英半球谐振子研究，使我国成为惯导领域超精密加工的"领跑者"。营销工作中，我们要有这种面对困难百折不挠的精神和勇气，定能实现目标。

5.1 信息产品营销战略概述

5.1.1 信息产品营销战略特征与构成

1. 信息产品营销战略的含义

战略，是指企业为了实现预定目标，对企业的全局的、长远的和重大的问题做出的运筹规划，它是实现企业长期发展目标的总方针、重点的部署和资源安排。

信息产品营销战略，是指信息技术企业为实现自己的总目标和任务所制定的长期性、全局性的营销规划。

2. 信息产品营销战略的特征

1）整体性。营销战略是以企业的全局为对象，根据企业总体发展需要而制定的，它的着眼点是企业全局的发展和企业的总体行动。

2）长期性。营销战略着眼于企业的未来，谋求企业的长远发展，关注的是企业的长远利益，因此，它是涉及企业的长期性发展战略。

3）稳定性。营销战略是企业的整体性、深远性的战略，决不能朝令夕改，是相对稳定的战略，一般不轻易改变。

4）适应性。营销战略要根据企业内部条件和外部环境的变化适时调整，以适应各种变化因素，化劣势为优势，不断寻求新的发展机遇。

5）指导性。尽管营销战略的内容大都是原则性的、概括性的，但具有行动纲领作用，对企业的一切行动都具有指导性作用。

3．信息产品营销战略的构成要素

1）战略思想。战略思想，是企业制定实施战略所依据的指导思想，主要包括营销观念、竞争观念、创新观念、效益观念等。

2）战略目标。战略目标，是企业通过战略在未来所要达到的目标。

3）战略重点。战略重点，是指对战略目标的实现有重大甚至决定意义的关键部位、环节和部门。

4）战略阶段。战略阶段，是指为了达到预定战略目标，在战略的制定和实施过程中按一定标志或依据划分的阶段。

5）战略对策。战略对策，是指为实现战略指导思想和战略目标而采取的措施和手段。

5.1.2 信息产品竞争工具与战略

1．信息产品竞争工具

竞争，是指在同一市场中经营，满足相同客户需求的企业之间，为争夺共同的资源而相互施加不利影响的行为。信息企业开展市场竞争的工具主要包括：质量、价格、技术、服务、时基等。

（1）质量竞争

质量是竞争的一个基本特征，产品的质量由人们对其功能的期望而定，一旦产品不好或难于使用，人们马上就会失望。其次，低质量的产品还将损害人们对企业的信任。另外，企业也应清楚地认识到，产品的质量是消费者期望的质量，而不是企业的生产质量，营销人员应与研发、生产、售后服务等部门的人员一起确保产品质量的稳定。

（2）价格竞争

价格是营销中最活跃、最革命的因素，也是最容易产生立竿见影效果的营销策略。对于消费者而言,价格是可见的,是与其他产品相比较的基础,也是一个产品区别于其他产品的最直接手段。价格竞争战略不等同于价格战。在使用价格战略时,首先要明确战略目标,是要用低价抢占市场,还是体现某种产品定位;其次,要对定价环境,包括消费者对产品或服务的反应和竞争者的反应进行必要的分析。接下来,企业就可以选择价格战略,并决定具体的价格及其策略。

(3)技术竞争

技术竞争,即技术领先,指企业率先开发或引进最新技术成果,领先于其他竞争者,占据市场领导者的地位。采取此种竞争的企业在市场上可能处于有利的竞争地位,获得"先入为主"的优势,甚至在一定时期内独占市场。采取技术竞争的企业必须具备两个基本条件:一是研发能力较强,能够持续不断地进行技术创新;二是抗风险能力较强。

(4)服务竞争

一般来说,服务质量的好坏、服务项目的多少,将直接影响信息技术企业的竞争能力和效益。这是由信息技术企业的特点决定的,由于信息技术企业生产的是高新技术产品,如果服务不到位,可能使消费者的工作或生活被耽搁而遭受巨大损失。这就要求企业的一切服务要以消费者满意不满意、方便不方便为标准,根据消费者的不同需求提供多样化、个性化的服务解决方案。

(5)时基竞争

时基竞争,是指以时间为基础的竞争。那些能比竞争对手更快地满足消费者需求的企业,会比同一领域的其他企业发展得更快,获得更多的利润。时基竞争的核心是迅速反应。迅速反应能力的提升已经不能仅仅通过在企业内部改革来实现,而是要通过原材料的取得、产品制造等垂直分工体系的整体革新来实现,即在供应链整体环节的运作上比竞争对手行动的更快,从而为消费者创造更多的价值。

2. 信息产品竞争战略

信息产品竞争战略,是指信息技术企业为了自身生存与发展,为在竞争中保持或发展自己的实力地位而确定的企业目标和达到目标应采取的各种战略。每个企业都要依据自己的目标、资源和环境,先确定自己在市场上的竞争地位,然后根据企业的市场定位来制定合适的竞争战略。一般来说,企业有三种可供选择的竞争战略:成本领先战略、差异化战略和集中战略。

(1)成本领先战略

成本领先战略,是指在一定的质量条件下,通过采用一系列以成本为中心的经营管理活动,努力降低产品生产与分销成本,使本企业的产品价格低于竞争对手的竞争战略。成本领先战略可以使企业在行业中赢得总成本优势，抵挡住竞争对手的对抗，迅速扩大销售量和提高市场份额。

成本领先战略适用的条件包括：①市场需求具有较大的价格弹性；②实现产品差别化的途径很少；③顾客不太在意品牌间的差别；④企业生产具有明显的规模经济效应；⑤竞争者很难以更低的价格提供同样的产品。

（2）差异化战略

差异化战略，是指将企业提供的产品或服务差异化，形成一些在全产业范围内具有自身独特特性的东西，以满足各个细分市场的目标顾客的差异性需要。成功的差异化能够使企业以更高的价格出售产品，并通过产品的差异化特征赢得顾客的长期忠诚。

差异化战略适用的条件包括：①有多种使产品或服务差异化的途径，而且这些差异化是被某些顾客视为有价值的；②消费者对产品的需求是不同的；③奉行差异化战略的竞争对手不多。差异化战略的工具包括产品、服务、人员和形象，其差异化的具体内容见表5-1。

表5-1 差异化战略工具表

产品差异化	服务差异化	人员差异化	形象差异化
特色	送货	能力	标志
性能	安装	礼貌	标准字
耐用性	用户培训	可信任性	标准色
可靠性	咨询服务	可靠性	事件
可维修性	修理	责任性	媒体
风格	其他	沟通能力	气氛

知识拓展 5-1　差异化战略的原则

（1）重要性，指该差异化能向顾客让渡较高价值的利益。

（2）明晰性，指该差异化是其他企业所没有的，或者是该企业以一种突出、明晰的方式提供的。

（3）优越性，指该差异化明显优于通过其他途径而获得的相同利益。

（4）可沟通性，指该差异化是可以沟通的，是顾客看得见的。

（5）不易模仿性，指该差异化是其竞争对手难以模仿的。

（6）可接近性，指该差异化所提高的成本是顾客可以接受的。

（7）可营利性，指该差异化可以使企业获得利润。

(3) 集中战略

集中战略,是指把企业所有的资源和能力集中在一个或少数几个较小的细分市场上,以满足一定顾客的特殊需要,从而建立局部的竞争优势。集中战略适用的条件是企业能比正在更广泛地进行竞争的竞争对手更有效或效率更高地为该子市场服务。

集中战略不是一种独立的竞争战略,也就是说,企业在集中于目标市场的同时,还要决定是倾向于通过产品差异化特征还是低成本特征来建立竞争优势,即要把这种战略与成本领先战略或差异化战略结合起来使用。

5.1.3 信息产品发展战略

1. 信息产品现有业务分析

(1) 波士顿咨询公司的成长-份额矩阵法

成长-份额矩阵法,也称为市场增长率-市场占有率矩阵法,是美国管理咨询服务企业波士顿咨询集团公司提供的一种分析模式。在矩阵中,纵坐标代表市场增长率,横坐标代表相对市场占有率,表示各经营业务单位与其最大竞争者之间在市场占有率方面的相对差异。该矩阵分为四个象限,处于各象限的业务单位归属于四种不同的类型(见图5-1)。

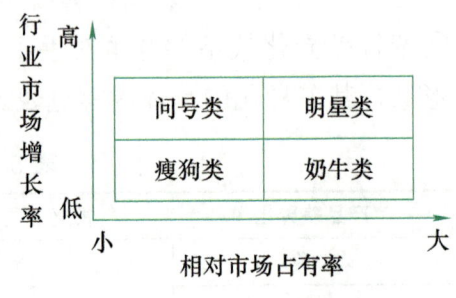

图5-1 成长-份额矩阵

1) 明星类业务:这类业务的市场占有率很高,市场增长率也很高,可能是业务所在的行业处于导入期或成长期。对于明星类业务,企业可采用发展战略(即进一步投资,使其继续发展,扩大产品的市场份额,增强其竞争能力)。

2) 问号类业务:这类业务的市场占有率低,但市场增长率很高,很可能是企业进入一个处于成长期的行业。对于问号类业务,企业可采用发展或维持战略(即只作必要投入,使之维持现状,保持产品的市场份额)。

3) 奶牛类业务:这类业务的市场占有率高,但市场增长率低,可能是所在的行业处于成熟期或衰退期的早期。对于奶牛类业务,企业可采用收割战略(即追求产品的短期收益)。

4) 瘦狗类业务:这类业务的市场占有率和市场增长率都低,可能是所在的行业处于成熟期的晚期或衰退期,也可能是企业自身不具备竞争优势。对于瘦狗类业务,企业可采用放弃战略(即出卖产品,不再生产,把资源投向其他更有利的产品)。

（2）通用电气公司的多因素投资组合矩阵法

通用电气公司的多因素投资组合矩阵中，纵坐标代表市场吸引力，横坐标代表竞争能力，只有进入既有吸引力的市场、又拥有竞争的相对优势的业务才能成功。市场吸引力取决于市场大小、年市场增长率、历史的利润率等一系列因素；竞争能力由该单位的市场占有率、产品质量、分销能力等一系列因素决定。该矩阵依据市场吸引力的大、中、小，竞争能力的强、中、弱，分为九个区域，它们组成三条战略地带（见图5-2）。

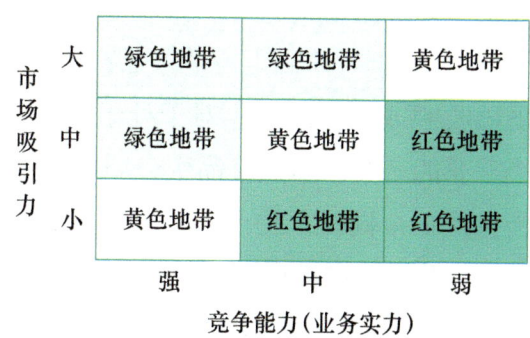

图5-2 多因素投资组合矩阵

1）绿色地带业务：该类业务既有较高的市场吸引力，又有竞争优势，因此，企业可采用发展战略，使其进一步发展。

2）黄色地带业务：该类业务各方面都属于中等的状况，因此，企业可有选择地采用维持或收割战略。

3）红色地带业务：该类业务市场吸引力低，企业也缺乏竞争优势，因此，企业可采用收割或放弃战略。

（3）收入-利润顺序法

收入-利润顺序法，是指将生产的多种产品按销售收入和利润排序，并将其绘在收入-利润图上，依据收入、利润的顺序关系进行经营决策分析的一种方法（见图5-3）。

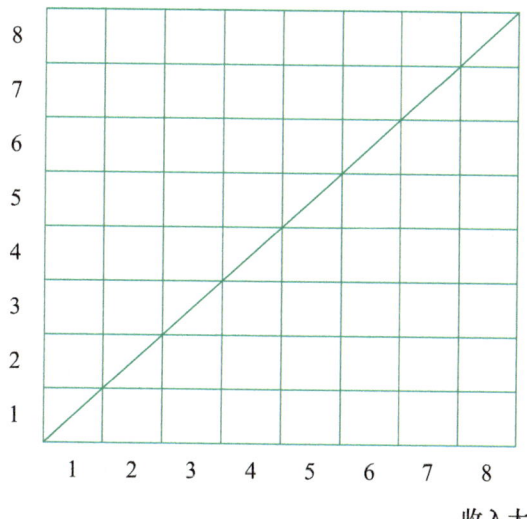

图5-3 收入-利润顺序法矩阵

1）处于对角线上的产品：收入与利润成比例，属于收入高、利润也高的产品，应采用维持或收割战略。

2）处于对角线下方的产品：利润比正常多，属于收入高、利润更高的产品，应采用发展战略。

3）处于对角线上方的产品：利润比正常少，属于收入高、利润低的产品，应采用收割或放弃战略。对于处于对角线上方的产品，还需要做进一步分析，其中很重要的一个因素是产品生命周期。如果是新产品，处于导入期，因顾客不了解，销售额低；同时，由于设计和工艺未定型，生产效率低，成本高，利润少，甚至亏损，此时应继续生产，并做一定的广告宣传，改进设计与工艺，努力降低成本。如果是老产品，处于衰退期，就不应继续生产。

2. 信息产品业务发展战略

信息产品业务发展战略，是指信息技术企业扩大再生产、开拓市场的经营发展战略，包括密集型发展战略、一体化发展战略和多样化发展战略（见表5-2）。

表5-2 信息产品业务发展战略

密集型发展战略	一体化发展战略	多样化发展战略
市场渗透	后向一体化	同心多样化
市场开发	前向一体化	水平多样化
产品开发	水平一体化	综合多样化

（1）密集型发展战略

密集型发展战略，是指在信息技术企业现有的业务领域内寻求未来的发展的战略。密集型发展战略包括：市场渗透战略、市场开发战略和产品开发战略（见表5-3）。

表5-3 密集型发展战略

	现 有 产 品	新 产 品
现有市场	市场渗透	产品开发
新市场	市场开发	（多样化发展）

1）市场渗透战略：指企业采取更积极的措施在现有市场上扩大现有产品的销售。适合采用该战略的条件是：①企业特定产品或服务在当前市场上还没有饱和；②现有用户对产品的使用率还可以显著提高；③规模的扩大可带来明显的规模经济或竞争优势。

2）市场开发战略：用企业现有产品去满足和开拓新的市场，以实现销售的增长。适合采用该战略的条件是：①可得到新的、赢利前景好的销售渠道；②企业在所经营的领域非常成功；③存在未开发或未饱和的市场；④企业拥有扩大经营所需要的资金与人力资源；⑤企业存在过剩的生产能力。

3）产品开发战略：向现有市场提供新产品或改进型产品，满足现有顾客的潜在需求。适合采用该战略的条件是：①企业所在的行业发展迅速；②主要竞争对手的产品性价比更高；③企业拥有非常强的研发能力；④企业拥有成功但处于产品生命周期中成熟期的产品，此时可以吸引老用户购买经过改进的新产品。

（2）一体化发展战略

一体化发展战略，是指信息技术企业与供应商、销售商实行一定程度的联合，融供应、生产、销售于一体的发展战略。一体化发展战略包括：后向一体化、前向一体化和水平一体化战略。

1）后向一体化战略：企业通过收购或兼并若干原材料供应企业，控制原材料的生产和供应，实行供产联合。适合采用该战略的条件是：①企业当前的供应商供货成本高或不可靠或不能满足企业对原材料的需求；②供应商数量少，而需求方竞争激烈；③企业所在行业发展迅速；④企业具备生产原材料所需的资金和人力资源；⑤上游产业利润高；⑥企业需要尽快获得所需资源。

2）前向一体化战略：企业通过收购或兼并若干商业企业，建立自己的分销系统，实行产销联合。适合采用该战略的条件是：①企业现有的销售商成本高、不可靠，或不能满足企业开拓市场的需要；②市场上可以利用的合格销售商数量很有限，实现收购或兼并可使企业获得竞争优势；③企业所在的行业快速增长或预计将快速增长；④企业具备销售自己产品所需要的资金和人力资源；⑤企业现有的经销商有较高的利润空间。

3）水平一体化战略：企业通过收购或兼并若干竞争者，把几个生产同类产品的企业合并起来，组成联合企业或专业化公司，扩大生产经营规模。适合采用该战略的条件是：①在法律允许范围内，可以在特定领域获得一定程度的垄断；②企业在一个成长的行业中经营；③规模的扩大可带来明显的竞争优势；④企业具有成功管理更大组织所需的资金与人才；⑤兼并对象是由于缺乏管理经验或特定资源而停滞不前，而非行业不景气引起的。

（3）多样化发展战略

多样化发展战略，也称多元化发展、多角化发展战略，是多方向发展新产品和多个目标市场相结合的发展战略。多样化发展战略包括：同心多样化战略、水平多样化战略和综合多样化战略。

1）同心多样化战略：开发与本企业现有产品线的技术和营销组合具有协同关系的新产品，吸引新的顾客，向外扩大经营范围。适合采用该战略的条件是：①企业参与竞争的行业停止增长或增长缓慢；②增加新的相关产品将会显著促进现有产品的销售；③企业能够以有竞争力的价格提供新的相关产品；④新产品的销售波动周期与现有产品的波动周期互补；⑤企业现有产品处于产品生命周期的衰退期；⑥企业拥有强有力的管理队伍。

2）水平多样化战略：研究生产一种能满足现有顾客需求的，但与企业现有产品的技术关系不大的新产品。适合采用该战略的条件是：①通过增加新的不相关的产品，企业从现有产品和服务中的盈利显著增加；②企业所在的行业属于高度竞争或停止增长的行业；③企业可利用现有的销售渠道向用户销售新产品；④新产品的销售波动周期与企业现有产品的波动周期互补。

3）综合多样化战略：也称跨行业多样化，就是开发与企业现有技术、产品、市场都毫无关系的新业务、新产品，把业务拓展到其他行业中去。适合采用该战略的条件是：①企业的主营业务销售和盈利下降；②企业拥有在新的行业经营所需的资金和管理人才；③企业有机会收购一个不相关、但有良好投资机会的企业；④收购和被收购的企业存在资金上的融合；⑤企业现有产品市场已经饱和。

5.2 信息产品营销计划制订

5.2.1 信息产品营销计划概述

1. 信息产品营销计划的含义

计划，是指企业为了实现其决策所确定的目标，预先进行的行动安排，是企业以及企业内部各个部门和员工在未来一定时期内行动的指南。信息产品营销计划，也称信息产品营销策划，是指企业在对内外部环境予以准确地分析的基础上，对一定时期内企业某项营销活动的行为、方针、目标、战略以及实施方案与具体措施所进行的设计与规划。

2. 信息产品营销计划的要求

信息产品营销计划是企业计划的中心，更是信息技术企业营销工作的指南。其质量的高低将决定着企业营销工作的成效，因此，在设计和制订营销计划时，应符合目的性、预见性、指导性、经济性和可行性等要求。

1）信息产品营销计划要有明确的目的性。制订信息产品营销计划，首先必须明确：最终要获得什么，要解决什么问题。计划要规定一定时期内营销的任务、政策和资源预算，它们都要紧紧围绕营销目标来制定。

2）信息产品营销计划要有预见性。信息产品营销计划是为企业的未来营销活动提供依据的，因此，营销计划制订前，应认真做好市场调查与预测，了解和满足未来的需求，预见可能的困难和风险，准备相应的营销对策。

3）信息产品营销计划要有明确的指导性。信息产品营销计划是企业营销人员行动的依据，因此，它必须细致地告诉营销人员该做什么、怎样做、何时做，成为营销人员行动的"锦囊妙计"，即企业的营销计划必须要有明确的指导性。

4）信息产品营销计划要符合经济性。制订信息产品营销计划需要做一系列的工作，如市场调查、市场预测、拟订方案等，需要投入一定的人力、物力和财力。增加对计划活动的投入，虽然可以提高计划的质量，但其边际收益是变化的，因此，在制定计划时，企业应考虑其经济性。

5）信息产品营销计划要具有可行性。制订出的信息产品营销计划必须切实可行，否则就必须修改。一项可行的计划应满足：①有实施计划的资源保证；②有足够的实施时间；③获得执行计划的部门与人员的理解和支持；④有备用方案和应变措施。

5.2.2　信息产品营销计划构成

1. 内容提要

这是市场营销计划的开端，主要是对市场营销目标和有关建议作简短的概述。

2. 背景或现状分析

背景或现状分析，是指对该产品当前的营销状况进行简要而明确的分析，包括有市场形势、产品情况、竞争形势、分销情况等。

3. 营销环境分析

营销环境分析，主要是指对影响企业市场营销的各种环境因素进行的分析。通过外部环境分析发现企业的营销机会和威胁，通过内部环境分析明确企业的相对优势与劣势。

4. 确定营销目标

在分析市场营销活动的现状和预测未来的机会与威胁的基础上，企业就需确定本期的营销目标。这是市场营销计划的核心内容。营销目标包括市场占有率、销售额、利润率、投资收益率等。

5．制定营销策略

营销策略是指为达到企业营销目标所采取的具体措施与手段，包括目标市场选择、市场定位决策、市场营销组合策略和市场营销预算等。

6．设计营销方案

营销方案，是指把营销策略转化为具体的可以直接用于实施的行动方案，包括要做些什么、何时开始、何时完成、由谁负责、需要多少成本等。

7．确定营销预算

营销预算，是指对营销活动各项目进行盈利或亏损的预测，形成以货币为主要计量单位、以表格形式表现的展示企业各种营销资源配置情况的费用收支计划。

8．营销计划控制

营销计划控制，是指对营销行动方案的执行进行反馈和控制，用以监督营销行动方案的实施过程。

5.2.3　信息产品营销计划实施

信息产品营销计划实施，是指企业为实现其战略目标，将营销战略与计划变为具体营销活动的过程。

1．制订行动方案

制订详细有效的行动方案，明确营销战略实施的关键性决策和任务，并将执行这些决策和任务的责任落实到个人或小组。

2．建立组织机构

建立组织机构，组织机构将战略实施的任务分配给具体的部门和人员，确定职权界限和信息沟通渠道，协调企业内部的各项决策和行动。

3．设计决策和报酬制度

设计科学的决策和报酬制度，可有效地调动各部门和人员工作的积极性。

4．开发人力资源

人力资源的开发涉及人员的考核、选拔、安置、培训和激励等问题。

5．建设企业文化

企业文化，是一个企业内部全体人员共同持有和遵循的价值标准、基本信念和行为准则。企业文化是企业的精神力量之所在，对企业经营思想和领导风格，对员工的工作态度和作风，均起着决定性的作用。

5.2.4 信息产品营销控制

信息产品营销控制，是对信息产品营销战略与计划实施结果进行衡量与评估，并对实施过程中发现的问题采取纠正措施，以确保营销目标得以实现的过程。

1. 信息产品营销控制程序

（1）明确标准

信息产品营销计划是信息产品营销控制的依据和基础，企业应在信息产品营销计划拟达到的目标的基础上制定具体的控制标准。

（2）绩效评估

绩效评估，是根据已明确的控制标准对营销部门和人员的工作进行检查、评估和分析，以找出实际工作绩效与控制标准的差距，并分析差距产生的原因，以便为下一步纠正偏差提供可靠依据。

（3）分析原因

企业将实际绩效与预期绩效进行比较后，就要判断出主要的差异并找出和分析偏差产生原因。偏差产生的原因可能包括：管理人员素质低下、跟不上时代的发展要求、经营环境的制约、企业的目标制定得不合理、企业采用的营销策略不合理等。

（4）纠正偏差

纠正偏差就是对出现的偏差采取相应的措施。纠正偏差分两种情况：如果偏差产生的原因是出在营销本身，则应改进营销工作，提高绩效并消除偏差；如果偏差产生的原因是出在营销目标或控制标准本身不合理，则应重新确定营销目标或控制标准，以消除偏差。

2. 信息产品营销控制类型

信息产品营销控制类型，主要包括年度计划控制、盈利能力控制、效率控制和战略控制等（见表5-4）。

表5-4 信息产品营销控制类型

控制方法	主要负责人	控制目的	分析方法
年度计划控制	中高层主管	检查计划目标是否完成	销售额分析、市场占有率分析、销售费用比率分析、财务分析、细分市场分析
盈利能力控制	营销主管	检查企业的盈利点和亏损点	各地区、各产品、细分市场、分销渠道的获利能力的分析
效率控制	主管部门营销主管	评价和提高营销费用支出效率	销售人员、广告、促销等的效率分析
战略控制	高层主管营销审计	检查企业是否最大限度地利用了市场机会	市场营销审计

(1) 年度计划控制

年度计划控制,是指企业在本年度内采取控制步骤,检查实际绩效与计划的偏差,并采取必要的改正措施。一般来说,企业可以通过销售情况分析(见表 5-5、表 5-6)、市场份额分析、营销费用—销售额分析、顾客绩效评分分析(见知识拓展 5-2)等来检查营销计划执行的绩效。

表 5-5　月份商品销售额计划表

商品类别 销售额（万元）		去年同月		1 月计划	
		销售额（万元）	构成比例	销售额（万元）	构成比例
畅销商品群	A				
	B				
	小计				
高利润率商品群	A				
	B				
	小计				
销售及利润率一般商品群	A				
	B				
	小计				
月度总销售额合计					

表 5-6　客户类别销售额计划表

客户类别 销售额（万元）		去年同月		1 月计划	
		销售额（万元）	构成比例	销售额（万元）	构成比例
A 级客户	（1）				
	（2）				
	小计				
B 级客户	（1）				
	（2）				
	小计				
C 级客户	（1）				
	（2）				
	小计				
月度总销售额合计					

(2) 盈利能力控制

盈利能力控制,是指检查各种产品在不同地区、不同细分市场和通过不同分销渠道销售的实际获利能力,从而决定哪些产品或营销活动应扩大,哪些应收缩或放弃。

（3）效率控制

效率控制,是指通过对销售人员、广告、促销和分销活动的效率进行分析控制,寻找更加有效的办法进行管理。

（4）战略控制

战略控制,是指通过市场营销审计等方法对营销实施过程的最新情况进行评价,从总体上、全局上对营销战略进行必要的修正。

知识拓展 5-2　　顾客绩效评分卡

顾客绩效评分卡,是用来记录企业历年来在顾客方面的工作绩效,包括:
1）新增顾客数量占年平均顾客数量的百分比;
2）流失顾客数量占年平均顾客数量的百分比;
3）重新赢回的顾客数量占年平均顾客数量的百分比;
4）各类顾客中非常失望、失望、中性、满意、非常满意的比率;
5）重复购买顾客数量的百分比;
6）准备向其他顾客推荐企业产品的顾客的百分比;
7）目标市场中知晓或记得企业品牌的顾客的百分比;
8）认为本企业产品在同类产品中最佳的顾客的百分比;
9）相对于主要竞争者而言,顾客对本企业产品质量的理解;
10）相对于主要竞争者而言,顾客对本企业服务质量的理解。

对于以上每一项指标都要建立标准,如果当前的衡量结果超出轨道,管理层就要制定相应的措施,采取相应的行动。

一、填空题

1. 信息产品营销战略,是指信息技术企业为实现自己的总目标和任务所制定的_____、_____的营销规划。

2. 信息产品竞争战略,是指信息技术企业为了自身生存与发展,为在竞争中保持或发展自己的实力地位而确定的企业目标和达到目标应采取的各种战略。一般来说,企业有三种可供选择的竞争战略：_____、_____和集中战略。

3. 信息产品业务发展战略，是指信息技术企业扩大再生产、开拓市场的经营发展战略，包括_____、_____和多样化发展战略。

4. 信息产品营销计划是企业计划的中心，更是信息技术企业营销工作的指南。其质量的高低将决定着企业营销工作的成效，因此，在设计和制订营销计划时，应符合目的性、预见性、指导性、_____、_____等要求。

5. 企业制订出的信息产品营销计划必须切实可行，一项可行的计划应满足：①_____；②_____；③获得执行计划的部门与人员的理解和支持；④有备用方案和应变措施。

二、判断题

1. 营销战略是以企业的营销工作为对象，根据企业总体发展需要而制定的，它的着眼点是企业全局的发展和企业的总体行动。（　　）

2. 时基竞争，是指以时间为基础的竞争。那些能比竞争对手更快地满足消费者需求的企业，会比同一领域的其他企业增长地更快，获得更多的利润。（　　）

3. 成功的差异化能够使企业以更高的价格出售产品，并通过产品的差异化特征赢得顾客的长期忠诚。（　　）

4. 在多因素投资组合矩阵中，处于绿色地带的业务，企业可有选择地采用维持或收割战略。（　　）

5. 信息产品营销控制，是对信息产品营销战略与计划实施结果进行衡量与评估，并对实施过程中发现的问题采取纠正措施，以确保营销目标得以实现的过程。（　　）

三、选择题

1. 可以使企业在行业中赢得总成本优势，抵挡住竞争对手的对抗，迅速扩大销售量和提高市场份额的竞争战略，是指（　　）。

　　A. 差异化战略　　B. 成本领先战略　　C. 集中战略　　D. 补缺战略

2. 在成长-份额矩阵中，市场占有率很高、市场增长率也很高的业务，是指（　　）。

　　A. 问号类业务　　B. 瘦狗类业务　　C. 明星类业务　　D. 奶牛类业务

3. 企业制订信息产品营销计划，首先必须明确：最终要获得什么，要解决什么问题。这体现了信息产品营销计划的（　　）要求。

　　A. 目的性　　B. 预见性　　C. 指导性　　D. 经济性

4. 企业采取更积极的措施在现有市场上扩大现有产品的销售的发展战略，是指（　　）。

　　A. 市场开发战略　　B. 产品开发战略　　C. 市场渗透战略　　D. 产品渗透战略

5. 企业通过收购或兼并若干竞争者，把几个生产同类产品的企业合并起来，组成联合企业或专业化公司，扩大生产经营规模的一体化发展战略，是指（　　）。

A. 前向一体化战略　　　　　　B. 后向一体化战略

C. 产品一体化战略　　　　　　D. 水平一体化战略

信息产品营销计划写作

● 案例背景

广东联华计算机有限公司是一家民营科技企业，主要生产计算机产品，经过近20年的发展，产品在珠三角地区有了一定的知名度，年销售额上亿元。为助力乡村振兴，实现企业的飞跃性发展，快速拓展和有效占领市场，联华公司准备开拓整个广东的农村市场，公司于2024年决定投产开发这种专供农村家庭用的计算机，该产品具有很好的性价比，操作简单，很适合农村家庭的需求。

请您在对联华计算机的市场状况和竞争状况做出详细调研的基础上，为联华公司制订一份开拓广东农村市场的营销计划。

● 目的要求

1）能认识并实现组织分工与团队合作；

2）能撰写出符合格式要求的信息产品营销计划；

3）能整理总结出信息产品营销计划写作课题分析报告；

4）能清晰地口头表达出信息产品营销计划写作实训心得。

● 训练指导

1）组建实训课题小组：将教学班学生按每小组6～8人的标准划分成若干课题小组，每个小组指定或推选出一名小组长。

2）确定实训小组课题：每个小组根据信息产品营销计划写作背景资料的要求，完成一份信息产品营销计划的写作。

3）实施写作课题研究：各小组长根据信息产品营销计划写作的计划，调配资源，明确各组员的任务，并督促大家有效地完成任务，包括信息产品营销计划的草拟、修改和定稿，信息产品营销计划写作课题分析报告的撰写、打印，以及小组的发言等。

4）撰写实训课题报告：每个小组完成一份信息产品营销计划写作的课题分析报告。

5）陈述写作实训心得：由各个小组推荐的发言人或小组长代表本小组陈述本小组实训课题分析报告和实训心得。

第6章 信息产品产品策略

学习目标

1. 知识目标

（1）能叙述和掌握信息产品的整体概念。
（2）能叙述和掌握信息产品组合策略。
（3）能叙述和掌握产品品牌的内涵。
（4）能熟记和掌握品牌设计要求及其营销策略。
（5）能熟记和掌握信息产品品牌管理要素与模型。
（6）能熟记和理解信息产品开发策略与方式。

2. 能力目标

（1）能综合运用本章知识剖析现实案例。
（2）能依据案例背景设计信息产品品牌标识。
（3）能撰写信息产品品牌标识技能训练报告。

3. 素质目标

精益求精，事事精细成就百事，时时精细成就一生。

重点难点

1. 信息产品整体概念。
2. 信息产品品牌设计与管理。
3. 信息产品开发方式与策略。
4. 信息产品品牌标识设计。

情智故事

二十大代表风采——把平凡的工作做到极致就是不平凡

有这样一名普通的快递员,在平凡岗位中做到不平凡,他就是宋学文,从 2011 年加入京东物流以来,宋学文累计配送了 30 余万件包裹,行程超过 32 万公里,零差评、零投诉、零安全事故。如今,他已成长为一名快递营业部负责人,还承担起京东快递在北京的一部分运营规划工作。

作为共产党员,宋学文始终践行着"为人民服务"的宗旨。工作中,往往是哪里有需要,他就会第一时间主动申请去支援。

作为一名快递员,宋学文称自己将满足消费者需求作为使命,始终对消费者保持热心,对工作保持热忱。为提升处理急难问题本领,宋学文"苦练内功",甚至记下了他所负责片区上百家公司情况,成为片区的"活地图";为满足客户着急取件需求,宋学文曾半小时内从 2000 多件快递中找出包裹并冒雨送达;对于上班时间不方便、家里有婴儿的客户,他也会提前进行电话沟通,商议合适的配送时间,对孤老伤残居民或儿童独自在家,他都多一句问候叮嘱,用真情实感传递暖心服务。

后来,在熟悉了快递工作后,他积极总结经验,探索创新工作方法,通过定期对所配送区域内用户消费规律统计分析,了解掌握客户需求,对配送时间和配送方式进行调整优化,做到按需精准配送,使配送效率得到明显提高,工作方法在快递员队伍中被广泛推广。

在国庆 70 周年庆祝活动中,他作为快递员的代表出现在"美好生活"方阵中,并在该游行活动中被评为"先进个人"。2022 年,宋学文当选为党的二十大代表。

情智点评:宋学文同志在快递员这个平凡的岗位上苦练内功,把平凡的工作做到极致,成就自己的不平凡。在这个竞争日益激烈的社会,追求卓越、精益求精对我们每个人都是非常重要的。在信息产品的生产设计中,我们务必不断创新,精益求精,把产品做到极致,满足消费者日益增长的需求。

6.1 信息产品整体概念

6.1.1 信息产品整体概念分析

从现代市场营销的观点来看,产品是指企业向市场提供的,能够满足消费者和用户某种需要的任何有形物品和无形服务。有形物品包括产品实体及其品质、特色、式样、品牌和包装；无形服务包括可以给用户带来附加利益和心理上满足感及信任感的售后服务、质量保证、产品形象、销售者声誉等。这就是"产品的营销概念"，也叫"产品的整体概念"。

产品整体概念对信息产品也是适用的。信息产品营销的目的就是要确保信息产品能真正地满足消费者的需求和期望。一般认为，产品整体概念包括三个基本层次，即核心层次、形式层次和扩大层次，这三者作用不同，又相互联系。

1．核心层次

核心层次，是指产品向顾客提供的基本利益和效用。它是产品整体概念中最基本的层次，它集中体现了用户所需要的利益和功能，是满足顾客需要的核心内容，是顾客所要购买的实质性的东西。如购买计算机，实质是购买计算机的信息处理、存储和传递等功能。

在这一层次上，信息产品表现的特点是：它们的功能往往不是满足人们低层次的需求，而是引导人们的较高层次的需求；不仅体现当代科学技术的最前沿，也开拓了社会需求的新潮流。另外，即使是相同的功能，信息产品与传统产品相比，尤其是在便捷性、时效性等方面，有着突出的优势。

2．形式层次

形式层次，是指产品实体的存在形式或外在表现形式，即产品的核心功能实现的载体，是产品核心层次的外在特征，表现为产品的质量、特色、款式、品牌、包装等。

信息产品在这一层次上表现的特性是不能用直观的感觉去确定其质量和特点。例如，不能用计算机的外观来判断其运行速度，也不能用加速器的构成材料来确定其电子束的能量等。

3．扩大层次

扩大层次，是指顾客购买产品时所获得的附加利益与服务，如产品的安装、送货、质量保证、售后保修服务等。

几乎所有的信息产品都要为用户提供某些附加利益，这些附加利益大多不是以实体的形式出现。信息产品的技术含量高、更新速度快、价格相对而言比较高，因此，这些附加利益就显得尤为重要。

6.1.2 信息产品整体概念的意义

一方面，信息产品整体概念是以消费者需求为中心的现代市场营销观念，树立产品整体概念，有助于企业抓住消费者的核心利益，把握自己的产品策略，从各个层面上全面满足消费者的需求。

另一方面，信息产品整体概念整合了产品实体性和实质性，将产品的基本利益与非物质形态的效用有机结合起来。它为企业采用标准化或差异化的产品策略提供了依据，成为企业获得竞争优势的重要来源之一。

因此，信息技术企业可依据产品整体概念，从三个层面向顾客提供满足，尤其应在附加利益上多下功夫。

案例 6-1　构建良好的产品生态系统

俗话说"养鱼先养水"，做产品也需要先构建合适的生态环境。小米的"铁人三项"组合——硬件、软件和互联网服务，为小米手机构建了完美的生态系统。小米电商系统本质是对用户需求的把握，这套系统包括 MIUI 论坛，基于"xiaomi.com"的预购系统，微博、论坛等新媒体平台。通过 MIUI 论坛，发烧友可以随时跟踪小米手机的开发过程，提出对产品的修改意见，确认正确的意见会被小米开发团队采纳。

正是这种生态环境为小米手机的诞生打下了坚实的用户基础，这个系统也大大增加了小米用户的黏性。小米手机自创办以来，保持了令世界惊讶的销售增长速度，小米手机及其子品牌红米手机的全球销量始终处于领先地位，小米手机亦成为全球知名的互联网手机品牌。

6.1.3　信息产品组合与调整决策

1. 信息产品组合概念

信息产品组合，是指信息技术企业生产经营的全部产品线、产品项目的组合搭配方式。

产品线：也称产品大类，是指在技术上和结构上密切相关，具有相同使用功能，规格不同而满足同类需求的一组产品。

产品项目：指产品线内不同品种、规格、质量和价格的具体产品。

2. 信息产品组合决策

信息产品组合决策，是指信息技术企业根据其营销目标与市场的需要对产品组合的宽度、长度、深度和相关程度进行的决策。

产品组合宽度：也称产品组合广度，是指企业拥有的产品线的数量。

产品组合长度：指企业所有产品线内不同规格的产品项目的数量。

产品组合深度：指产品线中每种产品所提供式样、规格、型号等的数量。

产品组合关联度：指企业各产品线在最终用途、生产条件、分配渠道或其他方面的密切相关程度。

3. 信息产品组合调整决策

1）扩大产品组合策略：指增加新的产品线，扩大产品组合的深度，增加产品的品种、规格、型号等。

2）缩减产品组合策略：指缩小产品组合的宽度、深度，实行集中经营。

3）产品线延伸策略：指将产品线加长，增加经营品种的档次和经营范围。

① 向下延伸：指企业原来生产经营高档次产品，后来增加中低档产品项目。

② 向上延伸：指企业原来生产经营低档次产品，后来增加中高档产品项目。

③ 双向延伸：指企业原来生产经营中档次产品，后来同时增加高档产品项目和低档产品项目。

6.2 信息产品品牌策略

6.2.1 信息产品品牌概述

1. 品牌的内涵

品牌，是指用以识别企业的产品或服务，并使之与竞争对手的产品或服务区别开来的产品或服务的名称及其标志，通常由文字、标记、符号、图案和颜色等要素或这些要素的组合构成。品牌已不仅仅是企业或产品的标志，其蕴含着深刻的内涵。

1）属性：即品牌可以表示一个产品的品质、格调、性能等属性。

2）利益：即品牌通过属性可体现出产品能带给消费者的利益。

3）价值：即一个品牌可反映出产品的价值。

4）文化：即通过品牌可反映出产品的文化内涵。

5）个性：品牌代表了产品的个性。

6）使用者：品牌代表了它的目标顾客人群。

> **案例 6-2** 华为品牌标识的内涵
>
> 华为品牌标识（见图 6-1）在设计上采用聚散的模式，八瓣花瓣由聚拢到散开，寓意着华为发展事业上的兴盛。底部核心聚在一起，说明了华为坚持客户需求、为客户创造价值理念的核心聚焦。花瓣慢慢开放，花瓣上加入光影元素，折射出了华为创新、稳健、

和谐，寓意了华为积极进取、不断创新、和谐商业环境、开放合作的理念，使华为在发展上更加稳健，更具国际化、职业化。花瓣下面配上黑色的"HUAWEI"字母，在花瓣红色的映衬下，标志显得独立且吸引人，红色给人一种冲动感，让华为显得更为出众。

图 6-1　华为品牌标识

2. 品牌的要素

品牌是一个集合概念，它包含品牌名称、品牌标志、商标等概念在内。

1）品牌名称：也称品名，指品牌中可以用语言表达的部分。

2）品牌标志：也称品标，指品牌中可以被认出、易于记忆、但不能用语言表达的部分。

3）商标：是一个法律名词，指企业在政府有关部门注册登记，已获得专用权并受法律保护的一个品牌或品牌的一部分。商标具有专有性、权威性、地域性、时效性等特征。企业在注册商标时，应注意防御性商标注册，即指注册相同或相似的一系列商标，具体地说就是注册一系列文字、读音、图案相同或相似的商标，以保护正在使用的商标或以后备用。

3. 品牌的效应

1）聚合效应。产品品牌在市场上占有一定的市场占有率，知名度与美誉度都很高，促使企业不断壮大，进而企业会进入多个市场，但在进入的市场中有许多已有品牌，企业可凭借其强大的品牌优势，依靠企业的规模，兼并收购已有品牌，形成品牌垄断。

2）扩散效应。企业品牌在消费者心目中有着极好的印象，进而消费者对企业产生好感与信任，当企业以原有品牌推出新产品之后，由于消费者对原有品牌及企业整体的好感与信任，进而接受企业的新产品。

3）磁场效应。企业品牌拥有很高的知名度与美誉度后，在消费者心中树立起极高的威望，表现出对品牌的极度忠诚。消费者将会重复地购买该品牌的产品，促进产品的销量，提高该品牌的市场占有率。

4）时尚效应。在特定的时间里，由于某种品牌产品知名度与美誉度很高，消费者争相购买，认为使用该品牌产品是一种新潮，不但自己购买，还劝告其他消费者前来购买，述说使用该品牌产品的好处，从而形成一种消费趋势，无形之中形成了一种时尚。

4．品牌设计要求

1）合法性：符合国家商标法规定要求。

2）独特性：造型美观，新颖大方。

3）启发性：显示企业特征，暗示产品属性。

4）简明性：简洁醒目，易读易记。

5）合适性：符合传统文化和风俗习惯。

6.2.2　信息产品品牌策略类型

信息技术企业通常可采用的品牌策略包括有以下几种：

1．品牌归属策略

品牌归属策略，又称品牌使用者策略，是指产品是使用制造商品牌还是中间商品牌。

1）制造商品牌：又称全国性品牌，即采用生产制造商自己的品牌。

2）中间商品牌：又称自有品牌、私有品牌、经销商品牌，即采用销售商的品牌。

3）混合品牌：即同时使用制造商品牌与中间商品牌。

2．品牌统分策略

品牌统分策略，又称家族品牌策略，是指企业对其生产的各种产品全部使用一种品牌，还是分别使用不同的品牌。

1）统一品牌：企业所有产品都使用同一品牌。

2）个别品牌：企业各种不同的产品分别使用不同的品牌。

3）分类品牌：企业经营的各类产品分别使用不同的品牌。

4）企业名称加个别品牌：指企业对其不同的产品分别使用不同的品牌，而且各种产品的品牌前面都冠以企业名称。

3．多品牌策略

多品牌策略，是企业对其同一种产品使用两种或两种以上相互竞争的品牌策略。多品牌策略有很多的优点，表现为：①多种不同的品牌在零售店可以占有更大的货架面积；②多种品牌可以满足不同的顾客需要，可以吸引更多的顾客，获得更大的市场份额；③有利于企业内部开展竞争，从而提高企业整体的竞争力和盈利能力。

4. 品牌延伸策略

品牌延伸策略，是企业利用其成功品牌推出新产品或改良产品的策略。采用该种策略有助于节省新产品促销费用、有助于新产品市场的开拓，若新产品促销失败，将影响该品牌的形象。

6.2.3 信息产品品牌管理

微课 07
信息产品品牌
管理要素

1. 信息产品品牌管理要素

品牌的动力是创新，品牌的核心是服务，品牌的基础是质量，品牌的实质是文化，品牌的持久靠管理。对于企业而言，建立品牌是好事，但管理好品牌才是关键。产品品牌管理的要素包括：

（1）质量——品牌管理的基石

质量是产品的基础，产品没有了质量保证，则这种产品也就失去了使用价值，其他的一切都无从谈起。因此可以说品牌的竞争，其实也是产品质量的竞争，更是产品标准的竞争。

（2）技术——品牌管理的推动力

品牌的竞争也是技术的竞争。企业为了保持竞争中的优势地位，必须不断开发新技术或改进技术，以保持技术上的优势。

（3）顾客——品牌管理的关键

顾客是企业产品的购买者或使用者，与企业有着很大的关系，企业应与他们建立良好的关系，以树立优质的形象，促进产品的销售。

（4）员工——品牌管理的根本

员工关系是企业的根本。员工关系的协调有利于企业提高外张力和凝聚力。企业必须尊重员工，关心员工，倾听员工的心声，创造令员工满意的氛围。

（5）包装——品牌管理必不可少环节

企业要创造品牌，包装是一个必不可少的环节。产品包装的重要意义已经远远超过了保护产品功能，而成为促进产品销售、营造品牌的重要因素之一。

2. 信息产品品牌管理模型

从顾客心理学角度讲，品牌是一种资产，是一种来源或基于顾客心理驱动所产生的资产。品牌资产由品牌的知名度、品牌的感知质量、品牌联想、品牌忠诚度以及其他品牌专有资产等部分构成。品牌管理模型就是从品牌资产的构成出发，对品牌进行有效管理。

1）提升品牌知名度，提高市场占有率。

品牌知名度，是指目标顾客对品牌名称及其所属产品类别属性的知晓程度。品牌知名度高，表明顾客对其熟悉，而熟悉的品牌总是令人感到安全、可靠，使人产生好感（心理倾向），也有助于赋予品牌更多的联想。同时，品牌知名度越高，则顾客对其喜欢程度也就越高，选购的可能性就越大，其市场占有率也将越大。

2）强化品牌感知质量，夯实品牌基础。

品牌感知质量，即品牌认知度，是指顾客根据特定目的，与其他品牌相比，对产品或服务的全面质量或优越程度的感知状况。这是顾客对一个品牌产品质量的主观认知。品牌感知质量是品牌的生命基础，只有其产品质量达到一定水准的品牌，才有资格参与市场竞争，并且感知质量越高，其品牌的竞争力越强。影响品牌感知质量的因素主要有产品质量（包括性能、特色、可靠性、耐用性、适用性等）和服务质量（服务能力、响应速度、个性化服务的程度等）。

3）加强品牌联想，形成品牌心理优势。

品牌联想，是指顾客由该品牌所能联想到的一切事物，并形成有意义的品牌形象。品牌联想主要包括有功能利益联想、情感利益联想和体验利益联想等三个方面。一个品牌具有的联想不同，则其市场地位、竞争优势就不同。营销实践表明，只有那些与竞争品牌具有差异性，并能引起顾客共鸣的联想，才能具有竞争优势，也正是品牌联想的差异性才使一个品牌立足于市场。那些与顾客利益相关的品牌联想正是一个强势品牌的魅力所在。

4）维系品牌忠诚，持续品牌资产增值。

品牌忠诚，是指顾客对品牌的满意、喜爱和信奉。它是品牌管理的核心，是衡量顾客对品牌信任和依赖程度的标准。顾客对一个品牌的忠诚度越高，以及一个品牌拥有的忠诚顾客越多，则该品牌的价值就越大。因此，品牌忠诚营销的目标任务就是不断提高顾客的忠诚程度，在维系好已有忠诚顾客的同时，不断吸引新的顾客，不断扩大忠诚顾客群体。

6.3 信息产品开发策略

6.3.1 新产品概述

概括地说，只要是产品整体概念中的任何一部分的变革或创新，并且给消费者带来新的利益、新的满足的产品，都可被认为是一种新产品。

1. 新产品的类型

1）全新产品：是指采用新原理、新结构、新技术、新材料制成的前所未有的新产品。

2）换代产品：是指在原有产品的基础上，部分采用新技术、新材料制成的性能有显著提高的新产品。

3）改进产品：是指对原有产品在性能、结构、包装或款式等方面做出改进的新产品。

4）仿制产品：也称企业新产品，是指对市场上已有的产品仿制后加上企业自己的品牌或商标后第一次生产的产品。

2. 新产品的特点

1）优越性：是指在顾客眼里新产品与现有产品相比而表现的感知优势。这就要求新产品一定要为顾客带来新的利益，新的利益越多，产品越容易为消费者所接受。

2）适应性：是指新产品应同消费者的习惯，以及人们的价值观念相适应。

3）易用性：是指新产品的使用方法要力求简便易学，易使用。

4）传播性：是指针对潜在市场，新产品提供的利益或产品价值可被传播。

5）获利性：是指新产品不仅能满足消费者的需求，而且能增加企业盈利，使企业获得更大的经济效益。

6.3.2 新产品采用的过程与类型

1. 新产品采用过程

新产品采用过程，是指消费者从初知新产品到采用或购买该产品所经历的阶段。消费者采用新产品的过程一般包括五个不同的阶段：知晓、感兴趣、评估、试用和采用。

1）知晓：在此阶段，消费者初次认识新产品，并学会使用它们，掌握其新的功能。研究结果表明，在这一阶段，大众传播广告等非个人信息来源最为重要。

2）感兴趣：在此阶段，消费者对了解新产品更多的情况有足够的兴趣，他们开始将注意力集中在与新产品相关的沟通活动上，并将开展调研活动，寻求更多的信息。

3）评估：在此阶段，消费者根据当前和未来的需要思考和评判产品利益，并基于这一判断决定是否试用该产品。

4）试用：在此阶段，消费者开始试着选购少量新产品。

5）采用：在此阶段，消费者正式决定使用该新产品。

2. 新产品采用类型

新产品采用类型，是指在某市场中，针对每一个个体不同的创新情况进行的一种分类。新产品采用者可被划分为五种类型：创新采用者、早期采用者、早期多数采用者、晚期多数采用者和滞后采用者（见表6-1）。

表 6-1　新产品采用者类型

类　　型	比　　例
创新采用者	2.5%
早期采用者	13.5%
早期多数采用者	34%
晚期多数采用者	34%
滞后采用者	16%

6.3.3　信息产品开发决策

产品是企业竞争的基础，企业只有不断开发新产品，才能在竞争中求得生存与发展。信息产品开发，是指信息技术企业从事新产品的研究、试制、投产，以更新或扩大产品品种的过程。

1. 信息产品开发策略

（1）领先策略

领先策略，也称先发制人策略、冒险策略或创业策略，是指企业力图在本行业发展中始终居于领先地位，做到率先研制和采用新技术去生产新产品，从而使产品技术水平优于其他企业，取得市场竞争的优势。实施该产品开发策略，企业必须具备领先的技术、巨大的资金实力和强有力的营销运作能力。

 案例 6-3　美的：产品领先助力数字化转型

1968年成立于广东的美的集团，是我国制造企业的一个典型代表。从最初的塑料生产到后来的家电生产再到现在的拥有家电、机器人、智能供应链的科技集团，美的努力抓住了每个发展契机，一步一步在实现从中国制造到中国智造的转型之路上前行。

从2011年起，美的核心发展思路从规模导向转变为追求增长质量，提出了基于数字化转型的全新战略——产品领先、效率驱动、全球经营。其中，以产品为核心，将产品领先放在首位是美的转型的重要特点。产品领先就是要为用户提供更好的产品和服务。

美的首先砍掉了许多利润率低的产品，与此同时加强新产品的研发力度。为了做好产品研发，美的逐步建立起四级研发体系，在全球范围内布局了11个研发中心，分布在美国、日本、德国、意大利、新加坡等国家，从组织到制度保证了对产品研发持续性、高强度的投入。2016年底，美的又投资30亿元在顺德建立了全球创新中心，创新中心的中央研究院70%以上是具备硕博学历的科研人员，25%曾有海外经历。整个创新中心内有超过4000名研发技术人员，能够同时进行近千项研究。

迄今，美的每年为全球超过4亿用户提供满意的产品和服务，业务覆盖200多个国家和地区。2022年营业总收入达3457亿元，在《财富》世界500强排第278位。

（2）追随策略

追随策略，也称后发制人策略、进取策略，是指企业紧紧追随在领先企业的后面采用新技术，并对别人已经采用的技术加以改进和提高，特别是降低产品成本和完善产品质量上付出更多的努力。实施该产品开发策略，企业新产品创新主要来源于对现有产品用途、功能、工艺、营销策略等的改进，形成改进型新产品、降低成本型新产品、系列型新产品等。

（3）模仿策略

模仿策略，也称仿制策略、紧跟策略，是指企业紧跟本行业实力强大的竞争者，迅速仿制竞争者已成功上市的新产品来维持企业的生存与发展的产品开发策略。实施该产品开发策略的关键是紧跟要及时。企业必须全面、快速和准确地获得竞争者有关新产品开发的信息，这是仿制新产品开发策略成功的前提。然而，由于竞争者对其关键技术都实施了有效保护，模仿者要进行破译是相当困难的，而且在技术市场上一般也很难购买到有竞争力的技术，因此，信息企业仅靠模仿，而不进行技术消化与创新，是不可能获得很好的发展。

2．信息产品开发方式

（1）自主创新开发

自主创新开发，是指信息企业主要通过自身努力，攻破技术难关，形成有价值的研究开发成果，并在此基础上，依靠自身的能力完成技术成果的商品化的产品开发方式。

自主创新开发是当今世界上许多著名信息技术企业推崇的产品开发方式，也是这些企业立足国际市场、保持竞争优势、不断发展壮大的重要手段。自主创新开发具有两个显著的特点：①领先突破关键技术。自主创新，并不是要求企业在研究开发方面面面俱到，独立攻克每一个技术环节，但其中的核心技术或主导技术，企业必须依靠自身的力量，独立研究开发。②率先开拓产品市场。技术领先并不代表经济利益领先，企业必须尽快将技术开发的成果商品化，尽早推向市场，开拓市场和抢占市场，这样才能为企业带来实际的效益。

（2）技术引进开发

技术引进，是指企业发展某种主要产品时，在国际市场上已有成熟的制造技术可供借鉴，为了争取时间，迅速掌握这种产品的制造技术，尽快地把产品制造出来以填补国内空白，而向国外生产这种产品的企业引进制造技术、复制图纸和技术文件的一种产品开发方式。

技术引进是信息产品开发常用的一种方式，特别是对于产品研究开发能力较弱、而制造力较强的信息技术企业更为适用。但是，一般来说，引进的技术多半属于别人已经采用的技术，该产品已占领一定市场，特别是从国外引进的技术，不仅需要付出较高的代价，而且还经常带有限制条件，这是在应用这种新产品开发方式时不能不加以考虑的因素。因此，有条件的企业不应把新产品开发长期建立在技术引进的基础上，应逐步建立自己的产品研究开发机构，或与科研、产品设计部门进行某种形式的联合，发展自己的新产品。

（3）自主创新与技术引进相结合

自主创新与技术引进相结合，是指在对引进技术充分消化和吸收的基础上，与本企业的科学研究结合起来，充分发挥引进技术的作用，以推动企业科研的发展、取得预期效果的产品开发方式。

这种方式适合于企业已有一定的科研技术基础，外界又具有开发这类新产品比较成熟的一部分或几种新技术可以借鉴。自主创新与技术引进相结合的信息产品开发方式是一种比较好的方式。一是花钱少见效快，产品又具有先进性；二是能促进企业自己技术开发的发展。因此，它为许多信息技术企业广泛采用。

（4）委托开发

委托开发，是指信息企业委托有研究开发能力的组织或机构进行新产品或新技术的开发。采用委托开发方式，双方需签订委托开发合同，委托方的义务是按照合同约定支付研究开发费用和报酬，完成协作事项并按期接受研究开发成果。受托方即研究开发方的义务是合理使用研究开发费用，按期完成研究开发工作并交付成果，同时接受委托方必要的检查。

（5）联合开发

联合开发，也称合作开发，是指信息企业联合其他的企业或组织共同投资进行某项技术或新产品的研究开发。采用联合开发方式，双方或多方应签订合作开发合同，合作各方应当依合同约定参与研究开发工作并进行投资，同时应保守有关技术秘密。合作开发所完成的发明创造，除合同另有约定的以外，申请专利的权利属于合作开发各方共有。

3. 信息产品开发程序

（1）新产品的构思

新产品构思，即新产品创意，是指为满足某种市场的需要而提出的新产品的设想。新产品的构思来源主要包括顾客、企业内部、竞争者、中间商、科研院所等，其中企业最主要应依靠激发企业内部人员来寻求产品创意。新产品构思评估模型见表6-2。

表6-2 新产品构思评估模型

要素	权重	很好（10分）		好（8分）		一般（6分）		差（4分）		很差（2分）		要素评估价值
		估计概率	预期价值	估计概率	预期价值	估计概率	预期价值	估计概率	预期价值	估计概率	预期价值	
产品的卓越性	0.1											
产品的独特性	0.1											
降低消费成本	0.3											
质量优于对手	0.1											
给使用者独特帮助	0.2											
价格低于对手	0.2											
创意评估价值	1.0											

注：1. 某项预期价值 = 该项评分值 × 估计概率。

2. 要素评估价值 = ∑（各项预期价值）。

3. 构思创意评估价值 = ∑（要素评估价值 × 权重）。

(2) 构思的筛选

新产品构思筛选,主要考虑两个因素,一是该构思是否与企业的战略目标相适应;二是企业有无开发该种构思的能力,包括技术能力、资金能力等。新产品构思筛选模型见表 6-3。

表 6-3　新产品构思筛选模型

新产品成功的因素	各因素的相对重要性（权数）（%）	新产品构思对各因素的适应度（各因素评分）（0～100）	加权平均分（权数×评分）
战略与目标	20		
营销经验与技术	20		
财务能力	15		
分销渠道	15		
生产能力	15		
研究开发能力	10		
供销能力	5		
合计	100		

注:评分值在 0～100 之间,此列由参与评估的工作人员填写。一般评分以 0～49 分为差,50～75 分为中,75 分以上为良好。一项新产品的开发需要在 70 分以上方可采纳。

(3) 形成新产品的概念

产品的构思,是从企业自己的角度来考虑的能够向市场提供的可能的产品。而产品的概念,则是从消费者的角度对这种构思做出的详细描述,包括产品的外形是否美观、使用方法是否方便、价格是否合理以及消费者是否能够接受等。

(4) 新产品可行性分析

新产品可行性分析,是指详细分析新产品的开发方案在商业上的可行性,即详细确定产品的功能,估算可能的销售额、生产成本和销售成本、预期的损益平衡点和投资回报率等。

(5) 新产品设计试制

新产品设计试制,是指把产品的概念转化为产品实体,并进行内部测试的过程,包括产品设计、样品试制和小批量的试制。产品设计旨在将产品拟向消费者提供的关键利益具体化,是决定新产品成败的关键一环。关键利益,是指新产品将给消费者带去的最主要的好处,它决定了产品开发的指导思想,同时也决定了产品的特征。

(6) 新产品市场试销

新产品在通过内部测试后,便可以进行市场试销,了解市场的反映。根据市场的反映,决定以后的营销行动与策略(见表 6-4)。

表 6-4 新产品试销后的行动与策略

试用率	重复购买率	行动与策略
高	高	将产品正式上市
低	高	增加广告和促销活动
高	低	重新设计或放弃
低	低	停止发展该项产品

(7) 商业性生产

经试销成功的新产品,企业可以大批量地投产,推向市场。企业进行商业性生产,应考虑推出新产品的时机、地点、目标顾客以及推广方式的选择。

知识训练

一、填空题

1. 信息产品营销的目的就是要确保信息产品能真正地满足消费者的需求和期望。一般认为,产品整体概念包括三个基本层次,即_____、_____和扩大层次,这三者作用不同,又相互联系。

2. 品牌,是指用以识别企业的产品或服务,并使之与竞争对手的产品或服务区别开来的产品或服务的名称及其标志,通常由文字、_____、_____、图案和颜色等要素或这些要素的组合构成。

3. 从顾客心理学角度讲,品牌是一种资产,是一种来源或基于顾客心理驱动所产生的资产。品牌资产由品牌的知名度、_____、_____、品牌忠诚度以及其他品牌专有资产五部分构成。

4. 概括地说,只要是产品整体概念中的任何一部分的变革或创新,并且给消费者带来_____、_____的产品,都可被认为是一种新产品。

5. 新产品采用过程,是指消费者从初知新产品到采用或购买该产品所经历的阶段。消费者采用新产品的过程一般包括有五个不同的阶段:_____、_____、评估、试用和采用。

二、判断题

1. 信息产品整体概念整合了产品实体性和实质性,将产品的基本利益与非物质形态

的效用有机结合起来。它为企业采用标准化或差异化的产品策略提供了依据，成为企业获得竞争优势的重要来源之一。（ ）

2. 品牌忠诚，是指顾客对品牌的满意、喜爱和信奉。它是品牌管理的核心，是衡量顾客对品牌信任和依赖程度的标准。（ ）

3. 换代产品是指对原有产品在性能、结构、包装或款式等方面做出改进的新产品。（ ）

4. 新产品开发的追随策略是指企业紧跟本行业实力强大的竞争者，迅速仿制竞争者已成功上市的新产品来维持企业的生存与发展的产品开发策略。（ ）

5. 自主创新开发是企业立足国际市场，保持竞争优势，不断发展壮大的重要手段。自主创新要求企业在研究开发方面面面俱到，独立攻克每一个技术环节。（ ）

三、选择题

1. 品牌中可以被认出、易于记忆、但不能用语言表达的部分，是指（   ）。
   A. 品牌名称　　　B. 品牌标志　　　C. 商标　　　D. 品牌集合

2. 企业品牌拥有很高的知名度与美誉度后，在消费者心中树立起极高的威望，表现出对品牌的极度忠诚，消费者将会重复地购买该品牌的产品，促进产品的销量，提高该品牌的市场占有率，这体现了品牌的（   ）。
   A. 聚合效应　　　B. 扩散效应　　　C. 磁场效应　　　D. 时尚效应

3. 信息产品开发策略不包括（   ）。
   A. 领先策略　　　B. 追随策略　　　C. 模仿策略　　　D. 成本策略

4. 对于企业而言，建立品牌是好事，但管理好品牌才是关键，企业品牌管理的根本，是指（   ）。
   A. 顾客　　　　　B. 员工　　　　　C. 质量　　　　　D. 技术

5. 新产品不仅能满足消费者的需求，而且能增加企业盈利，使企业获得更大的经济效益，这是指新产品的（   ）。
   A. 获利性　　　　B. 优越性　　　　C. 适应性　　　　D. 传播性

技能训练

信息产品品牌标识设计

◎ 案例背景

广东联华计算机有限公司是一家民营科技企业，主要生产计算机产品，经过近20年的发展，产品在珠三角地区有了一定的知名度，年销售额上亿元。为有效地开拓广东的农村市场，同时有效地树立企业及其产品的形象，公司决定为"联华"品牌征集一个有特色的标识。标识创作要求既能体现企业产品的特点,又能体现公司团结奋进、积极向上、顾客至上的经营宗旨。

若你是一名应征者,请为联华计算机公司创作一个有特色的品牌标识,并详细地写出创作的思路与标识的寓意。

● 目的要求

1)能认识并实现组织分工与团队合作;

2)能设计出符合要求的有创意的信息产品品牌标识;

3)能整理总结出信息产品品牌标识设计课题分析报告;

4)能清晰地口头表达出信息产品品牌标识设计实训心得。

● 训练指导

1)组建实训课题小组:将教学班学生按每小组6~8人的标准划分成若干课题小组,每个小组指定或推选出一名小组长。

2)确定实训小组课题:每个小组根据信息产品品牌标识设计背景资料的要求,完成一个信息产品品牌标识的设计。

3)实施设计课题研究:各小组长根据信息产品品牌标识设计的计划,调配资源,明确各组员的任务,并督促大家有效地完成任务,包括信息产品品牌标识的草拟、修改和定稿,信息产品品牌标识设计课题分析报告的撰写、打印,以及小组的发言等。

4)撰写实训课题报告:每个小组完成一份信息产品品牌标识设计的课题分析报告。

5)陈述设计实训心得:由各个小组推荐的发言人或小组长代表本小组陈述本小组实训课题分析报告和实训心得。

第7章　信息产品价格策略

学习目标

1. 知识目标

（1）能理解和列举影响信息产品定价的因素。
（2）能列举和运用信息产品定价的目标。
（3）能理解和列举信息产品定价的程序。
（4）能列举和分析信息产品定价的基本方法。
（5）能理解和掌握信息产品定价策略和技巧。
（6）能熟记和运用信息产品价格调整策略。

2. 能力目标

（1）能综合运用本章知识剖析现实案例。
（2）能依据案例背景撰写信息产品投标说明书。
（3）能撰写信息产品投标说明书技能训练报告。

3. 素质目标

严于律己，坚守原则，切实维护好各方权益。

重点难点

1. 信息产品定价的目标。
2. 信息产品定价的基本方法。
3. 信息产品定价策略和技巧。
4. 信息产品价格调整策略。
5. 信息产品投标说明书撰写。

 **情智故事**

陈俊武院士的严于律己

陈俊武，中国科学院资深院士、中国催化裂化工程技术奠基人、中国著名的炼油工程技术专家，投身中国石油石化工业70载，推动中国催化裂化工程技术从无到有、从弱到强，为中国炼油工业进步做出开创性贡献。

陈俊武院士从不以院士自居，过着非常简朴的生活，连一些正常的福利待遇也不要，他早就谢绝了配秘书、配专车的专家待遇。2014年，洛阳石油化工工程公司多数人员搬到广州工作，按照级别待遇，公司领导在规划住房时给陈院士分配了一套100多平方米的安置房。陈院士听说后，明确表示不要。公司领导和同事多次劝他，他说："我年纪大了，在洛阳工作和生活，要广州那么大的房子干什么？"有人提醒他，如果自己不住，可以留给女儿。陈院士却说："我是我，她是她。"他坚决不要这套房。

情智点评： 陈俊武院士虽为专家，但从不以专家自居，严于律己，坚持原则，专注于炼油工程领域。价格是企业营销中一个十分敏感的因素，信息产品营销人员在产品价格洽谈过程中，务必严于律己，坚持原则，切实维护好企业和顾客的权益。

7.1 信息产品定价概述

价格，是指产品营销过程中买卖双方成交的价格。产品价格有样本价格和成交价格之分。样本价格是指价目表中标明的价格；成交价格是根据不同的交易方式、数量、时间、条件等，在样本价格的基础上适当加以调整而形成的实际价格。

7.1.1 影响信息产品定价的因素

价格是信息技术企业市场营销组合中最为活跃的因素，也是一个十分敏感的因素。一方面，它影响着消费者的购买行为；另一方面，又是信息技术企业参与市场竞争，实现经济利益的重要因素。产品价格不仅要反映产品的成本和利润，还要适应企业的市场环境、企业经营战略、消费者的心理等因素。

1. 信息产品成本因素

信息产品价格的基础是成本，成本是信息产品价格的最主要的组成部分。信息产品成本主要可分为两种类型：固定成本和变动成本。固定成本，是指不管生产或销售多少产品，其成本总额基本保持不变的成本；变动成本，是指那些随着产品生产或销售量的变动而变动的成本。

信息产品的生产，前期费用投入很大，不仅需要固定资产方面的大量投资，更需要大量的研究开发费用的投入，生产产品的固定成本很高，但它的变动成本较少，尤其是数字化信息产品，其变动成本几乎为零。这种特殊的成本结构，表明信息产品具有巨大的规模经营效应，即产品生产销售量越多，则其平均成本就越低，产品的经济效益就越好。

2. 信息产品供求状况

市场供求状况，对信息产品价格会产生重要影响。在信息产品供不应求时，信息产品价格必然出现上升的趋势；当信息产品供大于求时，价格又会呈现下降的趋势。市场供求状况有时甚至会成为左右市场价格的一种外在的强制力量，信息技术企业在定价时不可不考虑这个因素。

3. 信息产品竞争态势

市场竞争对信息技术企业的定价有着很大的影响。信息产品的高固定成本与低变动成本的特征决定了信息产品的市场结构表现为两种类型，即寡头垄断市场和垄断竞争市场。

寡头垄断市场，是指某种产品基本上由少数几家企业所控制的市场。这些企业的产品不一定是最好的，但其凭借规模经济享受着对较小的竞争对手的价格优势。

垄断竞争市场，是指某种产品的生产企业较多，各产品之间存在一定差别的竞争市场。在垄断竞争市场中，各企业在价格制定上有一定的自由空间，可以通过自己各具特色的营销活动，或多或少地对市场供求发生影响，但每个企业又都不能完全控制市场。

4. 信息产品营销组合

价格是信息产品营销组合因素之一，价格还是信息产品市场定位的主要因素，价格决定了信息产品的目标市场、产品设计、产品的特色以及生产成本的高低等。

信息企业的定价策略必须与产品的整体设计、分销和促销策略等相匹配,形成一个合理的营销组合。

5. 消费者心理因素

消费者在购买产品时,一些特定的心理因素往往会起到非常重要的作用。当消费者心理上预期某种商品可能涨价,在短期内会增加需求,从而导致价格上升;反之,若消费者预期价格会进一步下降,在短期内会减少需求,如果供给量不变,价格会真的有下降的压力。

6. 产品需求价格弹性

需求价格弹性,也称价格弹性,是指一种产品价格的变动对其市场需求量的影响程度。价格弹性与销售额的关系见表7-1。通常,创新性的信息产品的弹性很低,这些产品没有什么替代品,竞争对手和消费者对其价格都不如对其增加的新性能敏感;而没多少创新的信息产品,其需求弹性就会上升,尤其是当产品相似但价格更低的竞争者的加入,或拥有更高的性价比的新产品的出现,都会使消费者对价格更为敏感。

表7-1 价格弹性与销售额的关系表

价 格 变 化	弹性系数 >1	弹性系数 =1	弹性系数 <1
价格上升	销售额减少	销售额不变	销售额增加
价格下降	销售额增加	销售额不变	销售额减少

7. 国家相关政策法规

信息技术企业在定价时,必须严格遵守国家的法律、法规和政策,并以此作为信息产品定价的一项重要依据,包括价格法、消费者权益保护法、反不正当竞争法等。

7.1.2 信息产品定价程序

1. 明确定价目标

定价目标,是指信息技术企业通过定价策略的运用需达到的具体目标。定价目标是实现企业经营总目标的保证和手段,又是企业确定定价策略和方法的依据。信息技术企业的定价目标有很多种,包括扩展目标、利润目标、销售目标、竞争目标和社会目标等(见表7-2)。

表 7-2　定价目标表

扩展目标	维持企业生存
	扩大企业规模
	多品种经营
利润目标	最大利润
	满意利润
	预期利润
销售目标	销售量增加
	扩大市场占有率
	争取中间商
竞争目标	稳定价格
	应付竞争
	质量优先
社会目标	社会公共事业
	社会营销

2．测定需求弹性

需求弹性，即需求价格弹性，可用需求弹性系数来衡量。需求弹性系数是指价格变动而引起需求相应变动的比率，反映需求变动对价格变动的敏感程度。用公式表示为：

$$需求弹性系数 = 需求变动百分比 / 价格变动百分比$$

不同的信息产品具有不同的需求弹性系数，不同需求弹性系数的信息产品，其价格制定方式应有所区别。

1) 需求弹性系数等于 1。表明价格的变动会引起需求量等比例的反方向变动。如：某种产品提价 2%，该种产品的需求量会降低 2%。在这种情况下，价格变化对销售收入的影响不大，因此，产品价格制定时应该更多地考虑成本、竞争对手等因素的影响。

2) 需求弹性系数大于 1。表明价格的变动会引起需求量较大幅度的反方向变动。如：某种产品提价 2%，该种产品的需求量会降低 8%。在这种情况下，价格提高将使销售收入减少很多，因此，产品价格制定时应该考虑通过低价、薄利多销来达到增加利润的目的。

3）需求弹性系数小于 1。表明价格的变动仅会引起需求量较小程度的反方向变动。如：某种产品提价 2%，该种产品的需求量仅会降低 1%。在这种情况下，价格提高将使销售收入总额有所增加，因此，产品价格制定时应该考虑定以较高水平的价格，以此达到增加收入和利润的目的。

3．估算成本费用

产品价格的基础是成本，成本是产品价格最主要的组成部分。因此，企业制定产品价格时必须估算成本。成本估算，是指信息技术企业根据未来发展目标与有关资料，运用专门的方法对企业未来成本水平及其发展趋势进行的估计与测算。成本估算的具体方法主要有高低点法、加权平均法、回归直线分析法等方法。

4．分析竞争状况

产品的最低价格取决于该种产品生产的总成本费用，而产品的最高价格取决于该种产品的市场需求。在最低价格和最高价格的幅度内，信息技术企业能把产品的价格水平定得多高，就取决于竞争对手的同种产品的价格或可能价格的水平有多高。因此，信息技术企业必须了解竞争对手的产品质量和价格，与竞争对手产品比质比价，从而制定本企业的产品价格。

5．选择定价方法

定价方法，是指企业在进行定价决策时，按照一定的程序和模型，最终做出信息产品价格的定量分析的方法。企业在测算了信息产品的价格需求弹性、估算了信息产品的成本费用和分析了信息产品的竞争状况后，就可以选择信息产品的定价方法进行产品基本价格的制定了。

信息产品的定价方法有很多，通常有成本导向定价法、竞争导向定价法和需求导向定价法。

6．核定最佳价格

信息技术企业在制定出产品的基本价格后，还必须综合考虑产品所含技术的先进性、用户使用产品的效用、所制定的价格是否合法、所制定的价格是否与企业的定价政策相一致以及其他各方（如中间商、竞争对手、推销人员等）对拟定价格的态度等因素，力争把价格定在最佳水平。

7.1.3 信息产品定价方法

1．成本导向定价法

成本导向定价法，是指以信息产品的成本为定价基本依据的定价方法。成本导向定价法包括成本加成定价法、目标利润定价法等定价方法。

（1）成本加成定价法

成本加成定价法，是指按照产品单位成本加上一定百分比的加成率来制定信息产品价格的定价方法。成本加成定价法可采用顺加法和倒扣法两种计算形式。

1）顺加法：

$$单位价格 = 单位成本 \times (1 + 成本加成率)$$

成本加成率，是指在成本基础上的加成。

2）倒扣法：

$$单位价格 = 单位成本 / (1 - 价格加成率)$$

价格加成率，是指在价格基础上的加成。

案例 7-1　单位价格的计算

假设某计算机生产厂商，其生产某款计算机的固定成本为 6000 万元，变动成本为 2000 元 / 台，预计销售量为 50 万台，如果该厂商想获取成本的 20% 的利润，试计算每台计算机的价格是多少。如果该厂商想获取销售价的 20% 的利润，则每台电脑的价格又是多少。

分析：单位成本 = 单位变动成本 + 固定成本 / 预计销售量
　　　　　　　　=2000+60000000/500000
　　　　　　　　=2120（元）
　　顺加法：单价 = 单位成本 ×（1+ 成本加成率）
　　　　　　　　=2120×（1+20%）
　　　　　　　　=2544（元）
　　倒扣法：单价 = 单位成本 /（1- 价格加成率）
　　　　　　　　=2120/（1-20%）
　　　　　　　　=2650（元）

（2）目标利润定价法

目标利润定价法，是指根据损益平衡点的总成本及预期利润和估计的销售量来制定信息产品价格的方法。目标利润定价法，通常需确定两种价格，即保本价格和保利价格。保本价格，也称保本价，是指企业处于保本（不盈不亏）状态时的价格；保利价格，也称保利价、实现目标利润价格，是指为确保企业预先确定的目标利润能够实现的价格。

保本价格＝固定成本／保本销售量＋单位变动成本

保利价格＝（固定成本＋目标利润）／预计销售量＋单位变动成本

 案例 7-2 保本价格和保利价格的计算

承案例 7-1，如果该厂商的目标利润确定为 10000 万元，试计算每台计算机的保本价格和保利价格是多少。

分析：保本价格＝固定成本／保本销售量＋单位变动成本
　　　　　　＝60000000/500000+2000
　　　　　　＝2120（元）
　　　保利价格＝（固定成本＋目标利润）／预计销售量＋单位变动成本
　　　　　　＝（60000000+100000000）/500000+2000
　　　　　　＝2320（元）

2. 需求导向定价法

需求导向定价法，是指以消费者对信息产品价值的认知和需求强度为定价依据的定价方法。需求导向定价法包括认知价值定价法、需求强度定价法等定价方法。

（1）认知价值定价法

认知价值定价法，又称感知价值定价法、理解值定价法，是指企业根据消费者对产品的认知（感知、理解）价值来定价的方法。认知价值，是指消费者认为该信息产品值多少钱，或只有多少价格消费者才愿意购买。

信息技术企业使用认知价值定价法，首先就是要了解消费者对该产品的需求和认知价值，其次是要掌握竞争对手的定价。

1）贴近顾客是认知价值定价的关键。采取认知价值定价法，企业必须要洞察目标顾客的价值取向，及时地向顾客提供至关重要并超过其期望的产品和服务。研究表明，有效开展产品服务和顾客服务的企业，其盈利始终比那些在这方面迟迟未有动作的企业高得多。

2）了解对手是认知价值定价的基础。顾客对价值的认知，是在与同类产品的比较中确定的，因此，企业只有收集并掌握了竞争者的信息，才能理性地制定价格策略。这就要求企业必须建立到一套有效的系统，以更好地获取并利用竞争对手的动态情报，清楚竞争者成功的秘诀和失败的教训，及时将自己的产品或服务与竞争者的产品或服务按性能的优劣进行排列比较，从而及时调整自己的价格。

（2）需求强度定价法

需求强度定价法，是指企业利用需求函数，根据市场需求的强弱来定价的方法。需求函数，是在需求表、需求曲线及需求规律的基础上提炼而成的对需求规律的数学描述，它表明价格与需求之间反方向变化的关系。

3. 竞争导向定价法

竞争导向定价法，是以市场上相互竞争的同类信息产品的价格为定价依据的定价方法。竞争导向定价法包括随行就市定价法、拍卖定价法、招投标定价法等定价方法。

1）随行就市定价法，是指按行业平均现行价格水平来定价的方法。

2）拍卖定价法，是指拍卖行受出售者委托，在特定场所公开叫卖，引导买方报价，利用买方竞争求购的心理，从中选择最高的价格的方法。

3）招投标定价法，是指卖方在买方的招标期限内，根据对竞争对手报价的估计来相应制定竞争报价的方法。

7.2 信息产品定价策略

信息产品定价策略，是指信息技术企业在进行定价决策时，按照一定经验，最终做出特定价格定性分析所依据的原则与技巧。定价策略对信息技术企业十分重要，企业针对不同的产品在不同的阶段应采取不同的定价策略，只有这样，才能真正做到以可靠的质量、满意的价格吸引广大的消费者。

7.2.1 新产品定价策略

新产品定价策略，是指用于指导新产品定价的原则与技巧。新产品定价策略包括撇脂定价策略、渗透定价策略和锁定定价策略等。

1. 撇脂定价策略

撇脂定价策略，也称高价格策略，是指在信息产品生命周期的最初阶段、新产品上市时，把产品的价格定得很高，以获得较高利润的定价策略。

对于创新型信息产品，刚刚推出时市场上还没有相同的产品或替代产品与之竞争，企业可以采用这种定价方法，用高价把新产品卖给市场上急需这种产品的用户。当用户满足程度逐步饱和或有换代产品推出之后，再逐步降低产品价格，以至让该产品逐步退出市场。采用该方法，企业可以得到最大的超额利润，尽快收回产品的研究开发费用，提供下一轮技术开发创新的资金。

采用撇脂定价策略应具备的条件包括：①有专利保护，独具特色，给人以优质高价印象的产品；②市场有足够多的消费者能接受这种高价产品；③产品从设计到生产需要较长时间，竞争者在短时间内无法进入。

2. 渗透定价策略

渗透定价策略，也称低价格策略，是指企业把新产品的价格定得相对较低，以吸引大量顾客，提高市场占有率的定价策略。

对于仿制型信息产品，由于没有显著的特色，市场竞争激烈，产品的需求弹性较大，企业应采取渗透定价策略，以便产品能迅速为市场所接受，扩大销量，增加产量，从而获得一定的规模经营优势。

采用渗透定价应具备的条件包括：①产品需求弹性较大，低价可以刺激市场需求迅速增长；②产品具有较大的规模经济性，生产成本能随销售的上升而降低；③低价格可以阻止潜在竞争者进入。

3. 锁定定价策略

对于消费者来说，当从使用某种品牌的产品转移到使用另一种品牌产品，如果转移成本非常高时，就产生了锁定。转移成本就是指消费者转移到使用其他产品所付出的代价。锁定定价策略，就是指通过提高信息产品的转移成本来定价的策略。

企业锁定消费者的方法包括：①使顾客很容易升级企业的产品，从而加深顾客对该产品的忠诚度；②针对该产品，对顾客进行低费用甚至免费的培训，提高顾客对该产品的认识的同时，加深顾客的认识锁定，有了针对产品的培训，转移成本就会随时间而增加；③为顾客提供免费的产品信息和相应的数据库，从而增加顾客对该产品的使用依赖性；④在完善的安装基础平台上，向顾客推荐互补产品，吸引顾客再投资，从而再次增加顾客的转移成本。

7.2.2　产品组合定价策略

产品组合定价策略，是指当信息技术企业的某种产品成为一个产品组合时，对这组产品中的各产品的基本价格进行适当修订的定价策略。

1. 系列产品定价

系列产品，是指企业赋予同一品牌且基本功能相同的产品，以不同的外观、特征形成一个系列的产品组合。系列产品定价策略就是针对系列产品而采取的定价策略。

系列产品定价的关键是决定价格档次的幅度。企业需要决定价格最低的产品及其价格，决定价格最高的产品及其价格，以此形成系列产品的价格区间。价格区间和系列产品数量确定之后，价格差异化的工作就是按比例常数向上加，得出下一个价格。随着价格的上升，系列产品中的价格差异应当逐渐加大。

2. 互补产品定价

互补产品，是指主要产品需要与配套产品一起使用的产品组合。互补产品定价策略，就是针对互补产品而采取的定价策略。对于互补产品，企业可以有意识地降低购买频率低、需求弹性大的产品的价格，同时提高购买频率高、需求弹性小的产品的价格。

3. 互替产品定价

互替产品，是指能够相互替代使用的产品组合。互替产品定价策略，就是针对互替产品而采取的定价策略。对于互替产品，企业应当适当提高畅销品的价格，降低滞销品的价格。

7.2.3 心理定价策略

心理定价策略，是指依据消费者的购买心理，来确定产品价格的策略。

1. 整数定价

整数定价，是指将产品价格定为整数的定价策略。

2. 尾数定价

尾数定价，是指保留价格尾数，采用从零标价的定价策略。

3. 声望定价

声望定价，是指企业针对消费者"一分钱一分货"的心理，对在消费者心目中享有声望、具有信誉的产品制定较高的价格。即针对消费者求名心理进行定价的策略。

4. 习惯定价

习惯定价，是指根据消费者购买商品的习惯性标准来定价的策略。

5. 招徕定价

招徕定价，是指企业将产品价格调整到低于价目表价格，甚至低于成本费用，以招徕顾客从而促进其他产品销售的定价策略。

7.2.4　折扣定价策略

折扣定价策略，是指企业为鼓励顾客及早付清货款、大量购买、淡季购买或配合促销，给予一定的价格折扣与让价的策略。

1. 现金折扣

现金折扣，是指企业为鼓励顾客及早付清货款而给予一定的价格折扣与让价的策略，即提前付款的价格减让。

2. 数量折扣

数量折扣，是指企业为鼓励顾客大量购买而给予一定的价格折扣与让价的策略，包括累进数量折扣与非累进数量折扣。

3. 职能折扣

职能折扣，也称贸易折扣，是指企业为担负相应贸易职能的经销商的折扣。

4. 季节折扣

季节折扣，是指企业为鼓励顾客在淡季购买而给予一定的价格折扣与让价的策略，即过季产品的价格折扣。

5. 价格折让

价格折让，是指企业开展促销活动、新产品试销或产品质量、规格不符合顾客要求时，给予顾客一定的折扣，如以旧换新折让和促销折让。

> **案例 7-3**　从趋于成本定价策略，看小米为何选择 Note3 饰演双 11 促销主打
>
> 为了迎接双 11 这个一年一度的全民购物狂欢节，数次屠榜的小米自然也要拿出重磅炸弹认真对待才行。而作为该品牌主力机型的小米 Note3，便出人意料但又意料之中的全系直降 300 元。从 11 月 1 日零点起全平台特价发售，起步价仅需 2199 元，并截止到 11 月 11 日，仅在双 11 期间独享优惠。那么小米为何选择 Note3 饰演双 11 促销主打呢？这还要从小米品牌一直以来趋于成本的定价策略谈起。
>
> 小米品牌一直以来坚守趋于成本定价策略，除非上游的元器件成本出现大幅降价，否则一款产品降价 10% 以上就肯定出现利润极微甚至略微赔本的情况发生。但是面对双 11 这个一年一度的全民购物狂欢节，数次屠榜的小米必然不能等闲视之。如此一来，双 11 期间拿出一款机型特价促销几乎是肯定的，唯一的难点就是选择哪款机型进行促

销。如果选择3000元以上价位的高端机型，那么10%左右的降价幅度对价格不敏感的高端用户并没有太大吸引力；如果选择1000元以下价位的低端机型，那么10%左右的降价幅度只有100元而已，同样不会出现太大波澜。有鉴于此，2000元价位的中端机型便成了双11的促销首选，并且中端用户也是对降价促销较为敏感的群体。以小米Note3为例，全系降价300元之后，起步价便可拉低至2199元，意味着Note3全系的最大降幅达到了12%，最小降幅则为10%，刚好是小米品牌趋于成本定价策略能够承受的范围之内。

7.2.5 需求差别定价策略

差别定价策略，是指企业对同一产品或服务定出两种或多种不同的价格。即企业依据需求的不同时间、地点、产品及不同类型的顾客的差别来决定在基础价格上是加价还是减价，以两种或两种以上不是反映成本费用的比例差异的价格进行产品销售。需求差别定价的形式包括有：

1）顾客差别定价：同一种产品或服务以不同价格销售给不同顾客。

2）产品差别定价：不同形式的同一产品分别制定不同价格。同一信息产品可以通过不同的载体表现为不同的形式，如图书产品，可以有价格不菲的精装本，也可以在网络上免费阅读或付费下载。

3）时间差别定价：不同时间或时点销售的同一产品其价格不同。信息产品的消费，具有很强的时效性，通常越早获得的信息产品，对消费者而言，其获得的价值越大。

4）地点差别定价：处于不同地点销售的同一产品或服务，其价格不同。

5）容量差别定价：依据信息产品存储容量的不同而制定不同的价格。如电子邮箱的分配，就是按信息存储量进行了差异化，网络企业免费为客户提供一定容量的电子邮箱，而向付费用户提供存储量更大、保密性和安全性更好的电子邮箱。

6）附加服务差别定价：依据信息产品的附加服务的差异化而制定不同的价格。信息产品在消费过程中往往还需要提供技术支持等附加服务，这可以作为差别定价的依据。最常见的是杀毒软件，可以从网上免费下载试用版，但这些试用版的产品是不能向正式销售的产品那样得到升级和技术支持服务的，而且试用版的产品通常都会有试用期限，另外在同一台机器上只能安装一次。

采用需求差别定价应具备以下条件：①市场能够根据需求强度的不同进行细分；②细分后的市场在一定时期内相互独立、互不干扰，高价产品市场上不会出现低价竞争者；③细分市场和控制市场的成本费用不得超过实行价格差异所得到的收入；④价格差异适度，不会引起消费者反感；⑤价格差异符合有关价格管理的法规和条例。

7.2.6 产品生命周期定价策略

产品生命周期定价策略，是指依据信息产品的生命周期来规划销售，制定产品不同生命周期阶段的价格的定价策略。在产品生命周期的各个阶段都会出现一个拐点，拐点前后的定价策略会出现剧烈变动，企业能否正确认识到这个拐点以及能否及时调整定价策略，将会导致完全不同的竞争结果。

1. 导入期定价策略

在产品生命周期的导入期，信息产品作为新产品刚刚推向市场，企业可以根据信息产品的创新性、技术含量的多少以及市场竞争态势，选择撇脂定价策略、渗透定价策略或锁定定价策略。

2. 成长期定价策略

在产品生命周期的成长期，企业可采取差别化定价或个性化定价策略。个性化定价，是指根据每个消费者的个性特征及对产品价值的认同与偏好程度的不同，分别制定不同的价格。个性化定价可以使企业向每个消费者收取他愿意为每单位产品支付的最高的价格，从而获得最大利润。

3. 成熟期定价策略

在产品生命周期的成熟期，企业可选择捆绑定价和限制定价策略。

1）捆绑定价策略：指企业将多种信息产品捆绑在一起以低于各产品单价总和的价格进行销售的策略。捆绑销售是信息产品销售的重要方式之一，如图书与光盘等产品捆绑销售。捆绑销售最大的优点就是减少了消费者支付意愿的分散，增加了供应商的销售收入，提高了消费者的福利水平。捆绑定价是信息产品进入成熟期阶段，获取最大利润的一种最有效的手段，也是产品竞争加剧的结果。

2）限制定价策略：指企业凭借其先入的优势和规模优势，牺牲一些短期利益，适当地降低价格，把利润压到使潜在竞争者望而却步水平的定价策略。

限制定价策略的目的是使现有市场利润对潜在的进入者不具有那么大的吸引力，阻止潜在竞争者进入，达到长期占领市场的目的。此外，也可以进行降价的预期管理，就是面对新的潜在进入者，建立一种在未来某个时期产品即将降价的信息传递机制，使潜在竞争者相信进入该行业产品的生产，由于信息产品价格具有向下的刚性，进入以后的利润不足以收回巨额的固定成本，从而放弃进入的选择，维持该产品现有的市场领导地位。

4．衰退期定价策略

在产品生命周期的衰退期阶段，企业应处理旧产品，快速开发与推广新产品。此时，企业可以采用低价策略向要求不高的用户提供产品，也可以实行新老产品捆绑销售。

7.3 信息产品调价策略

信息技术企业处在一个动态的市场环境中，其产品价格的制定与调整都不是一劳永逸的。企业必须根据市场环境的变化，不断地对价格进行调整。

7.3.1 主动调价策略

主动调价策略，即主动变价策略，是指信息技术企业根据市场条件的变化主动地降低产品价格或提高产品价格的策略。

1．主动降价策略

1）生产能力过剩需要扩大销售，但企业无法通过产品改进和加强销售等来扩大销售。

2）在强大的竞争压力下，企业的市场占有率大幅度下降。

3）企业的成本费用比竞争对手低，企业可通过降价来掌握市场，提高市场份额。

2．主动提价策略

1）通货膨胀导致企业成本费用提高，企业无法单独对付。

2）产品供不应求，不能满足所有顾客的需要。

7.3.2 应对调价策略

应对调价策略，即应对变价策略，是指信息技术企业针对竞争对手的价格变动而进行的被动的调价策略。

1）维持原价，当保持价格不变，市场占有率不会下降太多时，可以选用维持原价。

2）维持原价，但运用非价格手段来反攻。如提高产品质量或增加服务项目。

3）降价，降价时，应当尽力保持产品质量和服务水平，以维持或提高市场占有率。

4）提价，同时推出新品牌或更廉价的产品，以围攻竞争对手的品牌。

7.3.3 调价幅度的确定

调价幅度有两种表现形式，即绝对数形式和相对数形式。绝对调价幅度，是指调价后的价格与调价前价格的差额；相对调价幅度，是指绝对调价幅度与调价前价格的百分比例。

调价幅度可以采用利润无差别点法来确定。利润无差别点法，是指利用调价后的预计销售量与利润无差别点销量之间的关系，进行调价幅度确定的方法。利润无差别点的价格，即为调价后的价格，是指在确保原有盈利水平的条件下，为达到预定销售量水平而制定的价格。调价幅度确定的公式为：

利润无差别点价格＝单位变动成本＋（固定成本＋调价前利润）/调价后预计销售量

绝对调价幅度＝利润无差别点价格－调价前价格

相对调价幅度＝绝对调价幅度/调价前价格×100%

案例 7-4 调价幅度的计算

某信息技术企业生产经营的 A 产品的售价为 1000 元/件，可销售 10 万件，固定成本为 3000 万元，单位变动成本为 600 元，实现利润为 1000 万元，企业现有最大生产能力为 21 万件。企业准备降低产品价格，以扩大产品销售量，提高市场份额。假设降价后预计产品的销量将提高到 20 万件水平，试计算在保证原有利润水平条件下企业调价的幅度为多少。

分析：

利润无差别点价格＝单位变动成本＋（固定成本＋调价前利润）/调价后预计销售量

＝600+（30000000+10000000）/200000

＝800（元）

绝对调价幅度＝利润无差别点价格－调价前价格

＝800-1000

＝-200（元）（即降价 200 元）

相对调价幅度＝绝对调价幅度/调价前价格×100%

＝-200/1000×100%

＝-20%（即降价 20%）

知识训练

一、填空题

1. 信息产品价格的基础是成本，成本是信息产品价格的最主要的组成部分。信息产品成本主要可分为两种类型：_____ 和 _____。

2. 成本导向定价法，是指以信息产品的成本为定价的基本依据的定价方法。成本导向定价法包括 _____、_____ 等定价方法。

3. 需求导向定价法，是指以消费者对信息产品价值的认知和需求强度为定价依据的定价方法。需求导向定价法包括 _____、_____ 等定价方法。

4. 竞争导向定价法，是以市场上相互竞争的同类信息产品的价格为定价依据的定价方法。竞争导向定价法包括 _____、_____、招投标定价法等定价方法。

5. 信息技术企业使用认知价值定价法，首先就是要了解消费者对该产品的需求和认知价值，其次是要掌握竞争对手的定价，其中 _____ 是认知价值定价的关键，_____ 是认知价值定价的基础。

二、判断题

1. 通常，创新性的信息产品的弹性很高，这些产品没有什么替代品，竞争对手和消费者对其价格都不如对其增加的新性能敏感。（　　）

2. 产品的最高价格取决于该种产品的总成本费用，而产品的最低价格取决于该种产品的市场需求。（　　）

3. 价格是信息技术企业市场营销组合中最为活跃的因素，也是一个十分敏感的因素。一方面，它影响着消费者的购买行为，另一方面，又是信息技术企业参与市场竞争，实现经济利益的重要因素。（　　）

4. 采取认知价值定价法，企业必须要洞察目标顾客的价值取向，及时地向顾客提供至关重要并超过其期望的产品和服务。（　　）

5. 对于互补产品，企业可以有意识地降低购买频率高、需求弹性小的产品的价格，同时提高购买频率低、需求弹性大的产品的价格。（　　）

三、选择题

1. 某产品价格的变动会引起其需求量较大幅度的反方向变动，表明该产品的需求弹性系数（　　）。

　　A. 小于 1　　　　B. 大于 1　　　　C. 小于 0　　　　D. 大于 0

2. 对于需求弹性系数大于1的产品，制定产品价格时，企业应通过（　　）来达到增加销售收入的目的。

  A. 提升产品价格   B. 更多地考虑成本、竞争对手的因素

  C. 稳定产品价格   D. 降低价格、薄利多销

3. 对于没有显著的特色、市场竞争激烈、需求弹性较大的产品，企业应采取（　　）。

  A. 渗透定价策略   B. 撇脂定价策略

  C. 锁定定价策略   D. 声望定价策略

4. 企业为鼓励买主及早付清货款而给予一定的价格折扣与让价的策略，即提前付款的价格减让，是指（　　）。

  A. 数量折扣 B. 职能折扣 C. 现金折扣 D. 价格折让

5. 微软公司集成8个办公组件形成Office办公系统，整体定价进行销售，这表明微软公司采用了（　　）。

  A. 限制定价策略   B. 捆绑定价策略

  C. 差别定价策略   D. 系列定价策略

技能训练

信息产品投标书写作

▶ 案例背景

  广东联华计算机有限公司在汕头市招标投标网上阅读到一则有关广东省碧江教育集团公司计算机采购招标公告，结合公司现有的实力与条件，公司决定投标碧江教育集团公司计算机的采购项目。请根据碧江教育集团公司计算机采购招标公告资料以及企业的经营状况，为广东联华计算机有限公司制作一份计算机产品投标书。

碧江教育集团公司计算机采购招标公告

  根据广东省碧江教育集团公司物资采购管理的有关规定，对教学用计算机等进行邀请招标。欢迎有资质的、合格的供应商参加投标。

  1. 招标编号：BJ2009006

  2. 招标货物名称及数量：教师机100台、学生机500台。

  3. 标书发售：招标文件将在碧江教育集团公司发售，每份20元。

    发售日期：2024年1月25日上午9：00—11：30。

发售地址：碧江教育集团公司行政楼 306 办公室。

4. 投标日期：2024 年 1 月 30 日上午 9：00—11：30；逾期收到或不符合规定的投标文件恕不接受；电报、电话、传真形式的投标概不接受。

投标地址：碧江教育集团公司行政楼 306 办公室。

5. 开标日期：2024 年 2 月 2 日上午 9：00。

开标地址：碧江教育集团公司行政楼 801 会议室。

6. 联系人：李京明

联系电话：0754-65855855/65855866

传真电话：0754-65855855/65855866

联系地址：广东省汕头市碧江大道 1 号

邮政编码：515076

7. 投标文件说明：

（1）投标文件的组成

投标书、投标货物报价表、主要设备出现故障后的临时替代措施及售后服务方案、技术支持方案、法定代表人身份证复印件以及法定代表人委托书（法定代表人投标，不用此委托书）。

投标方资格证明文件：企业法人营业执照原件及副本（注册资金须 150 万元以上）、税务登记证原件及复印件。

投标方应将投标文件装订成册，在封面上填写"投标文件资料清单"。

（2）投标文件格式

投标方需按招标文件提供的投标文件格式编写投标文件，对货物进行投标，不得将内容拆开投标。

（3）投标报价

投标报价中包括辅助材料、随机软件、包装、运杂、保险、安装、调试等全部费用。一个标的只允许有一个报价，招标方不接受任何有选择性的报价。

（4）投标有效期：投标文件从开标之日起，有效期为 10 天。

（5）投标文件的签署及规定

投标应准备一份正本和四份副本，在每一份投标文件上要明确注明"正本"或"副本"字样，一旦正本和副本有差异以正本为准。

投标文件正本须打印并由投标方法定代表人或投标方法定代表人委托人签字并加盖单位公章（副本可复印，但须加盖单位公章）。

（6）投标保证金

投标方应向招标方提供 10000 元投标保证金。

投标保证金应以支票、汇票或现金形式提交，并于 1 月 30 日上午 11：30 前（支票、汇票 1 月 29 日 17：30 前）交至招标方。

收款人： 广东省碧江教育集团公司

账　号： 3325822409000009134

开户行： 中国建设银行碧江路支行

未按规定时间和数额提交投标保证金的投标，将被视为无效投标。未中标的投标方投标保证金将在开标会议结束后两周内退还，中标的则转为合同签约与履行等保证金。

投标方投标之后在开标之前撤销投标，须向招标方交纳投标保证金 25% 的手续费。投标方在开标后要求撤销投标时，投标方的投标保证金不予退还。

（7）投标文件的递交

为方便开标评标，投标方应将正副本的投标书（技术标）、投标货物报价表（商务标）单独密封，并在信封上标明，然后再装入招标文件密封袋中。外密封袋应标明招标项目名称并加盖单位骑缝章。每一个信封上注明"于 2024 年 2 月 2 日 9：00 前不得启封"字样。

投标方投标时需提供与投标一致的样机，以供评标参考。

8. 产品具体要求：

（1）教师机配置

CPU:CORE E2200/1G/160G（至少双分区）/ 集成显卡 / 集成百兆网卡 /300W 防雷电源 / 标准 USB 光电鼠标和防水键盘 /DVD 16X / 高品质耳麦 / 支持一键备份，一键恢复（一键恢复的镜像文件中必须包含甲方在不同工作环境下工作所要求安装的各种常用软件）/3 年硬件免费质保，24 小时内免费上门维修。

（2）学生机配置

CPU: CORE E2200/1G/160G（至少双分区）/ 集成显卡 / 集成百兆网卡 / 300W 防雷电源 / 标准 USB 光电鼠标和防水键盘 / 高品质耳麦 / 硬盘保护卡（保护卡是与 PC 同品牌的原装产品、支持底层增量数据同传）/ 支持一键备份，一键恢复（一键恢复的镜像文件中必须包含甲方在不同工作环境下工作所要求安装的各种常用软件）/3 年硬件免费质保，24 小时内免费上门维修。

（3）机房设备

超五类网络线 3 箱、水晶头 51×2 个、3×2.5 电源线 50 米、3×1 电源线 100 米、PVC 管 50 米、86 插座及明盒 51+2 个、漏电保护开关 4 个、24 口交换机三台、多孔插座 51 个。

9. 投标文件格式：投标书、法定代表人委托书、投标报价表。

投 标 书

致：广东省碧江教育集团公司

根据贵方计算机采购的招标邀请，签字代表＿＿＿＿＿＿（全称、职务）经正式授权，并代表投标方＿＿＿＿＿＿（投标方名称、地址）提交下述文件正本一份，副本一式四份。文件包括：

1. 投标书
2. 投标报价表
3. 交货一览表
4. 售后服务表
5. 资格证明文件

据此函，签字代表宣布同意如下：

（1）所附投标方案设计的投标价为＿＿＿＿＿＿（人民币）。

（2）投标方将按招标文件的规定履行合同责任和义务。

（3）投标方已详细审查全部招标文件，包括修改文件（如有的话）以及全部参考资料和有关附件。我们完全理解并同意放弃对这方面有不明及误解的权利。

（4）投标文件从开标之日起，有效期为 10 天。如果投标方在中标后未能按合同履行职责，其投标保证金将被贵方没收。

（5）投标方同意提供按照贵方可能要求的与其投标有关的一切数据或资料，完全理解贵方不一定要接受最低价的投标或收到的任何投标，并同意贵方评标小组所做出的决定。

（6）与本投标有关的一切正式往来通讯请寄：

地址：＿＿＿＿＿＿＿＿　　　邮编：＿＿＿＿＿＿＿＿

电话：＿＿＿＿＿＿＿＿　　　传真：＿＿＿＿＿＿＿＿

E-mail：＿＿＿＿＿＿＿＿　　代表名称：＿＿＿＿＿＿＿＿

投标单位：（公章）

全权代表人：（签字）

2024 年 1 月　日

法定代表人委托书

广东省碧江教育集团公司：

兹委托＿＿＿＿＿＿参加贵单位组织的计算机设备项目招标活动，全权代表我单位处理有关事宜。附全权代表情况：姓名：＿＿＿＿＿＿；性别：＿＿＿＿；年龄：＿＿＿＿；职务：＿＿＿＿＿＿；身份证号码：＿＿＿＿＿＿；详细通信地址：＿＿＿＿＿＿；

电话：＿＿＿＿＿＿；传真：＿＿＿＿＿＿；邮政编码：＿＿＿＿＿＿

单位名称（公章）

法定代表人（签字）

2024 年 1 月　日

投标报价表

投标人名称（盖章）

序号	设备名称	品牌型号及配置	数量/台	投标单价	投标总价	质保期	产地
1	教师机		100				
2	学生机		500				
3	24口交换机		3				
4	辅材	网络线、电源线、水晶头、PVC管、86明盒及插座、网络机柜、漏电保护开关					
5		安装调试费用					
		合　计					

备注：
1. 投标时必须标明所投品牌型号及完整的技术指标，产地栏必须填写，产品详细配置可另列表说明；
2. 因实际需要配备而目前本清单中未列明的软硬件及完成系统安装调试所需附件，可由投标人自行延长上表列入，并须于上表"备注"栏中注明所投设备为新增加及其增加理由；
3. 如果投标人所投产品与本招标文件要求存在着偏离，必须另列偏离表说明偏离情况。

法定代表人或法定代表人授权代表签字或盖章：

⊙ 目的要求

1)能认识并实现组织分工与团队合作;

2)能撰写出符合格式要求的信息产品投标书;

3)能整理总结出信息产品投标书写作课题分析报告;

4)能清晰地口头表达出信息产品投标书写作实训心得。

⊙ 训练指导

1)组建实训课题小组:将教学班学生按每小组6～8人的标准划分成若干课题小组,每个小组指定或推选出一名小组长。

2)确定实训小组课题:每个小组根据信息产品投标书写作背景资料的要求,完成一份信息产品投标书的写作。

3)实施写作课题研究:各小组长根据信息产品投标书写作的计划,调配资源,明确各组员的任务,并督促大家有效地完成任务,包括信息产品投标书的草拟、修改和定稿,信息产品投标书写作课题分析报告的撰写、打印,以及小组的发言等。

4)撰写实训课题报告:每个小组完成一份信息产品投标书写作的课题分析报告。

5)陈述写作实训心得:由各个小组推荐的发言人或小组长代表本小组陈述本小组实训课题分析报告和实训心得。

第8章　信息产品渠道策略

学习目标

1. 知识目标

（1）能理解和列举影响信息产品分销渠道选择的因素。
（2）能列举和运用分析信息产品分销渠道的层次。
（3）能列举和熟记信息产品分销渠道选择的标准。
（4）能列举和运用信息产品分销渠道选择的方法。
（5）能理解和掌握信息产品分销渠道的设计技巧。
（6）能理解和运用信息产品分销渠道的激励与管理方法。

2. 能力目标

（1）能综合运用本章知识剖析现实案例。
（2）能依据案例背景写作信息产品销售代理协议书。
（3）能撰写信息产品销售代理协议书技能训练报告。

3. 素质目标

一分耕耘，一分收获。唯有脚踏实地、务实肯干才能成功。

重点难点

1. 信息产品分销渠道选择的标准。
2. 信息产品分销渠道的设计方法。
3. 信息产品分销渠道的激励。
4. 信息产品分销渠道的管理。

 **情智故事**

许居衍——脚踏实地，攻坚克难

许居衍，中国工程院院士，微电子技术专家，是我国微电子工业初创奠基的参与者、技术创建者与开拓者，为我国微电子工业发展做出了重大贡献。

微电子作为一个全新的行业，是全球性、基础性、科研型的科技领域。20世纪60年代，我国的微电子工业在技术和物质上都面临极大困难。由于信息不完善、技术路线难以捉摸，许居衍带领课题组查阅了当时能获得的少量技术资料，经过分析研究，正确地选定了硅平面集成技术和面向数字电路（计算机逻辑门）的方向。

当时，正值国民经济三年困难时期，科研设施和技术物资都极度缺乏。许居衍克服困难，组织课题组全体成员自力更生，从废旧库里挖潜力，自己动手建立起了扩散、蒸发和光刻等工艺设备。这个只有五六个人和两台破旧设备的研究小组，在没有现成技术可借鉴的情况下，成功研究出了优质氧化等关键工艺技术，终于在1964年做出了硅平面二极管、三极管组合件，他个人因此荣立了三等功。

情智点评：许居衍同志在技术和物质双重困难的情况下发扬艰苦奋斗、自力更生的创业精神，脚踏实地、攻坚克难，成功研制出优质氧化等关键工艺技术。营销渠道是企业与顾客的桥梁，是企业竞争优势的来源。营销人员在渠道开拓中务必克服困难，脚踏实地，步步为营，以赢得渠道伙伴的认可与合作。

8.1 信息产品渠道概述

8.1.1 信息产品分销渠道概述

1. 分销渠道的本质

分销渠道，是指产品由生产者向消费者或用户转移过程中所经过的途径和路线。分销渠道的起点是生产者，终点是消费者或用户，连接他们的中间环节是中间商。

未来的竞争，已不仅仅是产品的竞争，更是分销渠道的竞争，拥有稳定、高效的分销渠道是企业具备核心竞争力的体现之一。"得渠道者得天下"一直以来都是企业奉行的准则。

1)分销渠道是企业与消费者的桥梁。

在现代商品经济条件下,生产者与消费者是分离的,二者之间存在一条难以逾越的鸿沟,商品的生产者必须跨越它,才能实现其价值。联系生产者与消费者的分销渠道,作为"产销鸿沟"上的一座桥梁,把产品从生产者转移到消费者,实现商品的价值与使用价值。

2)分销渠道是企业的无形资产。

对企业来说,分销渠道起到物流、资金流、信息流和商流的作用,完成企业很难完成的任务,成为企业的无形资产。一个企业拥有四通八达的分销网络,就等于拥有了决胜市场的控制权。分销渠道一旦建成,可以给予企业丰厚的回报,成为企业持久竞争优势的来源。

3)分销渠道是企业竞争优势的来源。

随着竞争的加剧,企业越来越重视通过渠道策略获得长久竞争优势。企业通过组织重组、流程再造、柔性生产等方法削减成本和增值的空间越来越小,企业必将寻求外部资源的协同效果,分销渠道就是其中最佳的资源之一。企业通过对各种渠道的整合、渠道扁平化等手段,加强对渠道行为的控制,有效提高渠道的效率和降低渠道成本。

 案例 8-1 京东"仓库决胜"的物流战略

在上海嘉定占地 200 亩的京东商城"华东物流仓储中心"内,投资上千万的自动传送带已投入使用。工人们手持 PDA,开着小型叉车在数万平方米的仓库内调配商品。

这是京东最大的物流仓储中心之一,承担了一半销售额的物流配送,也是公司将融到的 2100 万美元的 70%投放到物流建设的结果。在这里,京东每日能正常处理 2.5 万个订单,日订单极限处理能力达到 5 万单。

降低配送成本,是电子商务自建仓储中心的原因之一。京东有两大重要成本,即仓储成本与配送成本。"去年我们核算数字发现,从北京发到西安的大家电,平均成本是每件 400 多元。但如果在西安租一个库房,每件的配送成本只有 48 元,能省下 90%,所以我们把很多城市的大家电配送停止了。"京东负责人称。家电的利润率本身不高,有时配送费甚至高过产品本身的利润率。

但话说回来,自建物流队伍的成本并不低。在京东看来,只有城市的日订单达到 10 万个以上,买地自建物流的投入产出才能算作合理。而对于租赁库房,当地的日订单量也要达到 5000 个以上,如果低于 5000 个,将物流外包就会更加经济。

> 除了成本的考量，提高供应链的响应速度亦是京东自建物流的出发点。随着京东的快速发展，订单数量急剧增长，物流中心的处理能力根本跟不上，越来越多的消费者体验不佳。换句话说，京东成长的脚步正在被物流环节拖累。
>
> 巨大的订单量成为京东"甜蜜的负担"，基于这项考虑，京东对物流仓储的投资周期越来越长，投资的金额越来越大，只有前瞻性的规划才能满足未来三年的发展速度。
>
> 业内似乎正在慢慢形成共识，一家 B2C 企业的本质和传统零售业并无二致，物流都是其价值链上最重要的一环。B2C 的由轻变重，一方面是经济效益和用户需求决定的，包括物流、仓储、呼叫中心是否需要自建等；另一方面是为了管理效率的提升，包括库存精准率、订单与财务管理、供应商管理等。销售额做得越大，仓储与物流便愈发重要。
>
> 奔跑在通向网络沃尔玛梦想的道路上，京东选择了"仓库决胜"的战略方向。可以预见的是，随着规模的不断扩张，仓储物流就像 B2C 水桶的底座，决定了整个水桶的体积。

2. 分销渠道的层次

分销渠道的层次，即指分销渠道的环节，是指产品从生产者向消费者或用户转移过程中，对产品拥有所有权或负有分销责任的中间机构。

（1）直接渠道、一层渠道、二层渠道和三层渠道

分销渠道长度，是指构成分销渠道层次的中间机构的数目。根据分销渠道长度来划分，分销渠道可分为直接渠道、一层渠道、二层渠道和三层渠道等四种类型。

直接渠道，也叫零级渠道，是指生产商直接把产品销售给最终用户。

一层渠道，也叫一级渠道，是指生产商通过一层中间环节销售产品。

二层渠道，也叫二级渠道，是指生产商通过两层中间环节销售产品。

三层渠道，也叫三级渠道，是指生产商通过三层中间环节销售产品。

（2）宽分销渠道和窄分销渠道

分销渠道宽度，是指分销渠道每一层次使用相同类型中间商的数目。根据分销渠道宽度来划分，分销渠道可分为宽分销渠道和窄分销渠道两种类型。

宽分销渠道，是指在同一渠道层次中，生产商通过许多相同类型的中间商来销售自己的产品。

窄分销渠道，是指在同一渠道层次中，生产商只通过很少相同类型的中间商销售自己的产品。

案例 8-2　华硕服务器的渠道建设

在一个竞争激烈的市场上，得渠道者得天下。作为后来者的华硕，在服务器渠道建设方面厚积薄发，经过多年的苦心经营，渠道体系已基本覆盖全国。但总代理制的垂直管理模式，使其无论在深度和广度，还是在灵活性与应变性上，都存在一些问题，严重阻碍了华硕服务器业务的发展，变革势在必行。在这种情况下，华硕推出了"磐石"计划。

"磐石"计划的具体举措有三：第一，全面实施"扁平+增值"的渠道发展策略，特别加大了对VAR（增值渠道）群体的拓展力度，以实现大部分渠道都能提供包括产品、技术、服务、行业解决方案等在内的增值服务；第二，加强渠道培训，通过定期对渠道商进行行业和技术培训，提升渠道素质；第三，推出"亮店工程"，即在全国范围内筛选出20～30家具有一定实力的渠道商，由华硕出资帮他们建立华硕服务器体验店；同时，华硕在技术、价格、产品等方面给予他们更多的支持。

最终，"磐石"计划取得了良好的效果，华硕服务器业绩有了明显提高，渠道商的服务能力普遍得到了提升，特别是在网游、教育、中小企业等三个市场上表现更为突出。

8.1.2　信息产品分销渠道的特点

信息产品分销渠道，是指信息产品由生产者向消费者或用户转移过程中，取得这种产品的所有权或帮助其所有权转移的所有企业和个人。信息产品的独特性决定了信息产品的分销渠道不同于传统产品的分销渠道，具有自己独有的特性。

1. 信息产品分销渠道是并行式渠道

信息产品并行式渠道，是指信息产品的分销渠道是技术本体的流通渠道与技术载体的流通渠道并驾齐驱的流通渠道。信息产品技术含量高，技术的价值可以独立地体现，因此，技术本体的独立流通就成为必然。

在许多情况下，技术本体的分销商们还必须对技术本体自主进行二次开发，以满足千变万化的"衍生性需求"。所谓"二次开发"，亦称增值服务，指的是对技术本体（有时包括技术载体）的某些构成要素，如应用程序或结构进行重新设计、适当改造、局部修正等增补删减活动，使信息产品更切合用户的实际需要。实践证明，越是技术含量高的信息产品，就越需要进行二次开发。

2. 信息产品分销渠道素质要求很高

信息产品的技术含量高，必然要求承担信息产品技术本体和技术载体流通的分销商的技术素质很高,他们对技术本体的理解与宣传能力往往是他们取得开发商授权资格,并取得销售成功的关键。信息产品分销商的基本素质要求与基本职能(见表8-1)

表8-1　信息产品分销商的基本素质要求与基本职能

序　号	基本素质要求	基本职能
1	具备所经营产品的专业理论知识	市场研究
2	具备所经营产品相关专业的理论知识	宣传推广
3	具备所经营产品的应用技能或主要操作方法技能	培训安装
4	具备所经营产品的安装、调试能力	协调使用
5	具备所经营产品的二次开发能力	反馈信息
6	具备管理信息系统(MIS)的操作与分析能力	二次开发

3. 信息产品分销渠道管理体制要求先进

信息产品分销商素质要求与职能的特殊性决定了他们在建立营销体制上要有别于普通产品,必须强化营销体制的科技含量。为此,应建立三套既并行又相互依存的管理体制。

(1)即时行销系统(JIT,Just in Time)

信息产品的更新换代速度非常快,分销商如果不能将库存压缩至最低点(甚至零库存),就可能在开发商不断的更新换代中形成自己的积压。如果中间商有了自己的二次开发成果,那么因积压造成的损失就更大。因此,分销商必须借助JIT的管理思想与方法,增加对换代产品的快速反应力与适应力。

即时行销的直意是以最短的时间、最少的库存将产品销售给最需要的顾客。

最短的时间,指从发现需求与需求者到组织适宜产品,再经必要的配置后,销到需求者手中所经过的时间最短。这主要考察分销商销售网点快速反应能力。

最少的库存,指分销商需要将库存商品压缩至最低点(甚至零库存)。这主要考察分销商的库存管理能力与产品周转能力。

最需要的顾客,指分销商应将信息产品销售给该产品的目标顾客群,满足他们的急需。

(2)信息反馈系统

分销商的信息反馈模式包括两个层次,一是对用户信息的反馈,这类信息既要反馈给自己,也要反馈给开发商。前者可用于调整营销策略和二次开发活动。后者用于调整开发商的开发活动和营销策略。二是对开发商信息的反馈,以求掌握开发商营销策略变动，跟踪新技术，并最大限度地应用到对用户的服务中，改善服务的质量。

（3）横向配置系统

横向配置，是指分销商应处理好与信息产品开发商之外的其他信息产品开发商和分销商的关系。通过横向配置系统，分销商可从其他有关的开发商和其他分销商那里，取得对自己用户有用的产品信息与服务，拓宽自己的服务范围，为用户进行全方位的配置。

总之，信息产品营销渠道中的分销商应当有不同于普通产品分销商的素质要求，信息产品营销渠道也应有与普通产品营销渠道不同的配置与建设，只有这样才能顺利地承担起信息产品营销的任务。

8.1.3 信息产品分销渠道的设计

1. 影响信息产品分销渠道设计的因素

1）市场因素：包括潜在市场的大小、销售量的大小、消费者的地区分布、当地的渠道结构、竞争者的分销渠道、当地经济发展水平等。

2）产品因素：包括产品价值高低、产品物理化学性能、产品的体积与重量、产品的时尚性、产品的复杂性与技术性、产品生命周期长短、产品标准化程度等。

3）购买行为因素：包括顾客购买量、顾客购买季节性、顾客购买频度、顾客购买探索度（选择程度）等。

4）企业因素：包括企业的规模与资金实力、企业的营销水平与管理能力、企业控制渠道的愿望、企业渠道管理水平等。

2. 信息产品分销渠道设计的原则

1）畅通高效原则。这是信息产品分销渠道设计的首要原则。畅通高效的分销渠道，应以消费者需求为导向，将产品尽快、尽好、尽早地通过最短的路线，以尽可能优惠的价格送达消费者方便的地点。畅通高效的分销渠道，不仅可以让消费者买到满意的产品，还可提高分销的效率，降低分销的成本，赢得竞争的时间和成本优势。

2）覆盖适度原则。指信息技术企业在设计分销渠道时，还应考虑产品能否顺畅地销售出去，产品是否足以覆盖目标市场，既要避免覆盖面扩张过度、分布范围过宽过广，也应避免覆盖面过窄。

3）稳定可控原则。信息技术企业的分销渠道一经确定，便需花费相当大的人力、物力和财力去建立和巩固，整个过程往往是复杂而缓慢的。因此，企业应保持渠道的相对稳定，不要轻易更换渠道成员，更不要随意转移渠道模式。

4）协调平衡原则。信息技术企业在设计和管理分销渠道时，不能只追求自身利益的最大化而忽略其他渠道成员的利益，应合理地分配各个渠道成员间的利益，统一、协调、有效地引导渠道成员充分合作，鼓励渠道成员之间有益的竞争，减少渠道冲突发生的可能性，确保企业总目标的实现。

5）发挥优势原则。信息技术企业在设计分销渠道时，要注意发挥自己各个方面的优势，将分销渠道模式的设计与企业的产品策略、价格策略、促销策略等结合起来，增强营销组合的整体优势。

案例 8-3　开启"县城清零计划"，OPPO 渠道全面升级

提到国产手机品牌 OPPO，就不得不提到 OPPO 强大的线下渠道实力。每一款 OPPO 新机发布当天，在 OPPO 线下店中都能看到相对应的宣传与样机，这有助于消费者更好地了解 OPPO 产品，同时也助推 OPPO 品牌销量。

近年来，OPPO 继续强化渠道优势，在 2021 年 OPPO 年度大客户答谢会上，OPPO 宣布了多项客户支持政策及渠道升级策略，其中包括"县城清零计划"，即未来将实现每个县城都有一家 OPPO 店。

OPPO 此时开启"县城清零计划"，意味着其已然做好了决战 5G 市场的准备。整个渠道体系可以更加广泛地普及国内一二线城市，同时每一款智能新品的推出，也都能高效地推送到全国各个地区、各个县城的消费人群中；当然也将进一步推动 OPPO 在市场中的销量。

3. 信息产品分销渠道结构的设计

（1）渠道长度的设计

1）长渠道：指分销渠道所经过的环节较多的渠道。

2）短渠道：指分销渠道所经过的环节较少的渠道。

3）零渠道：指分销渠道不经过中间环节，直接由生产商向最终消费者销售产品的渠道。

（2）渠道宽度的设计

1）密集性分销：也称广泛分销，指在同一渠道层次上，使用尽可能多的中间

商分销企业的产品。

2）选择性分销：指选择少数几个精心挑选的、最合适的中间商分销企业的产品。

3）独家分销：指仅选择一家中间商分销企业的产品。

（3）渠道广度的设计

1）单渠道：指企业的全部产品都由自己直营，或全部交给某一分销渠道分销。

2）多渠道：也称混合分销渠道，指对同一市场或不同市场采用多条分销渠道分销。表现为两种形式：一是企业通过多种渠道销售同一品牌的产品；二是企业通过多种渠道销售不同品牌的产品。

（4）渠道系统的设计

1）垂直渠道系统：指由信息产品生产企业、批发商和零售商组成一个统一系统。这种分销渠道系统表现为三种形式：一是公司式垂直系统，指一家公司拥有和统一管理若干工厂、批发机构和零售机构，控制分销渠道的若干层次，甚至整条分销渠道；二是管理式垂直系统，指制造商和零售商共同协商管理业务，其业务涉及销售促进、库存管理、定价、商品陈列和购销活动等；三是契约式垂直系统，指不同层次的独立制造商和经销商为了获得单独经营达不到的经济利益，而以契约为基础实行的联合体。

契约式垂直系统主要采取特许经营的方式来组织管理。特许经营，是指特许人将所拥有的商标、商号、产品、专利、专有技术、经营模式等以特许合同的形式授予受许人使用，受许人按照合同约定，在特许人统一的业务模式下从事产品或服务经营的活动。

2）水平渠道系统：指分销渠道同一层次的若干制造商之间、若干批发商之间、零售商之间采取横向联合形成的渠道系统。这种渠道系统可整合各自的资源和优势，发挥群体的作用，共担风险，从而实现共赢。

4. 信息产品分销渠道模式的设计

（1）直营渠道模式

直营渠道模式，是指信息企业自己建立营销渠道（如分公司、办事处）来分销产品，并通过分公司直接与零售商签订合同，面向零售商铺货。

采用直营渠道模式，企业可以快速有效地掌控零售终端，避免渠道波动；可以更好地控制窜货现象，从而提高公司渠道利润水平；可以创造卖场有利位置，统一店面布置、规范人员管理以及快速的意见反馈；另外，销售人员直接参与零售店的经营活动，经常与零售商和顾客接触，对市场反应迅速，提高了市场应变能力。

（2）经销渠道模式

经销，是指中间商企业通过签订合同，取得生产企业的授权，在一定时期、一定区域范围内经营销售（批发、零售）该生产企业的全部或部分产品的经营行为。经销包括总经销和分经销两种形式。

1）总经销：也称包销，是指经销商在一定时间、区域内拥有委托人指定产品的独家经营权，但不能同时、同地经营其他来源的竞争性产品，也不能把产品向其他地区转售；同时，委托人也不得在该时、该地自行销售或把这一产品卖给其他分销商。

2）分经销：是指经销商不享有独家经营的权利，委托人在该时期、该地点可自行经营或交由其他经销商销售该产品。

（3）销售代理模式

销售代理，是指经销商接受信息产品制造商的委托代销其产品的经营行为。销售代理根据代理商是否有独家代理权分为独家代理与多家代理，根据代理商是否有权授予分代理分为总代理与分代理。

1）独家代理与多家代理

独家代理，是指信息产品制造商授予代理商在某一市场（可以地域、产品或消费者群等区分）独家权利，制造商的某种特定的产品全部由该代理商代理销售。

多家代理，是指信息产品制造商不授予代理商在某一地区、产品上的独家代理权，代理商之间并无代理区域划分，都为制造商搜集订单，无所谓"越区销售"，制造商也可在各地直营、批发产品。

2）总代理与分代理

总代理，是指该代理商统一代理信息产品制造商某产品在某地区的销售事务，同时它还有权指定分代理商，有权代表制造商处理部分事务。总代理商必须是独家代理商，但独家代理商不一定是总代理商，独家代理商不一定有指定分代理商的权力。

分代理，是指由信息产品制造商直接指定的，或是由总代理商选择，并上报给制造商批准的，受总代理商指挥的代理商。

8.2 信息产品渠道管理

信息产品渠道管理，是指信息产品制造商为实现公司制定的分销目标而对现有的渠道成员进行的管理和控制。

8.2.1 信息产品分销商的管理

1. 信息产品分销商的选择

（1）分销商选择的考虑因素

1）市场覆盖范围。市场覆盖范围，是选择分销商最重要的因素。一方面要考虑所选分销商的经营范围所覆盖的地区与企业产品的预期销售地区是否一致，另一方面要考虑分销商的销售对象是否是企业所希望的潜在顾客，即目标市场是否相一致。

2）信誉。分销商的信誉，在当前市场经济条件下是相当重要的，不仅关系到企业产品销售的收款情况，还直接关系到企业产品的市场网络的支持。

3）历史经验。分销商经营某种商品的历史和成功经验，是分销商自身优势的一种表现。经营历史较长的分销商，拥有一定的市场影响和一批忠实的顾客，且积累了比较丰富的专业知识和经验，将有利于企业产品的销售。

4）合作意愿。合作意愿强的分销商，将会积极主动地推销企业的产品，因此，企业必须认真考察被选分销商对企业产品销售的重视程度和合作态度。

5）产品组合情况。在经销产品的组合关系中，如果分销商当前经销的产品与企业的产品是竞争产品，将不利于企业产品的销售，应尽量避免。

6）财务状况。企业应尽量选择资金雄厚、财务状况良好的分销商，以保证能及时付款，或在财务上向企业提供一些帮助。

7）区位优势。分销商的区位优势，即指分销商的地理位置优势。理想的分销商的位置应该是顾客流量较大的地点。

8）促销能力。分销商推销产品的方式及运用促销手段的能力，直接影响企业产品的销售规模。在选择分销商之前，必须对其所能完成某种产品销售的市场营销政策和技能做全面的评价。

（2）分销商选择的方法

分销商的选择，一般采用评分法。评分法，就是对拟选择作为合作伙伴的每个分销商，就其从事商品分销的能力和条件进行打分评价，根据评分的多少选择合适分销商的方法（见表 8-2）。

表 8-2 信息产品分销商选择方法——评分法

评价因素	权 数	分销商 1		分销商 2	
		评 分	加 权 分	评 分	加 权 分
1．市场覆盖范围	0.20	85	17	70	14
2．信誉	0.15	70	10.5	80	12
3．历史经验	0.10	90	9	85	8.5
4．合作意愿	0.10	75	7.5	80	8
5．产品组合情况	0.15	80	12	90	13.5
6．财务状况	0.15	80	12	60	9
7．区位优势	0.10	65	6.5	75	7.5
8．促销能力	0.05	70	3.5	80	4
总分	1.00	—	78	—	76.5

2. 信息产品分销商的评价

（1）分销商评价的标准

1）经济性标准：指分销渠道的经济效益。在三项评价标准中，它是最重要的评价标准。

2）控制性标准：指企业对分销渠道的控制程度。一般来说，自建销售队伍的可控制性要强于销售代理商。

3）适应性标准：指企业所选分销渠道的适应性。每一种分销渠道都有经销时期的约定，因而失去某些弹性。

（2）分销商评价的指标

分销商评价的指标包括：①销售绩效；②财务绩效；③分销商的忠诚；④分销商的增长；⑤分销商的创新；⑥分销商的竞争；⑦顾客满意度。

分销渠道评价与管理表见表 8-3～表 8-7。

表 8-3 信息产品营销部门业绩目标管理表

项　　目	部门 1	部门 2	部门 3	部门 4
目标额				
实绩额				
收款额				
排名				

表 8-4　信息产品业务员业绩目标管理表

项　　目		目　标	实　绩	说　明
营业额 回收货款	每日平均接受订货量			
	营业额			
	利润率			
	回收货款率			
	新产品（重点产品）营业额			
客户管理	每日平均访问客户数量			
	总访问次数（每月）			
	每一客户平均访问时间			
	每一客户平均访问次数			
	负责客户数			
	每一客户平均营业额			
开发新客户	访问客户数			
	访问次数			
	契约成立数量			
	每一客户平均营业额			
情报管理	竞争对手动向报告			

表 8-5　信息产品经销商业绩目标管理表

辖　区	经销商名称	组　别	目　标　额	实　绩	评　核	原　因

表 8-6　信息产品区域销售目标管理表

产品类别	内　销			外　销	合　计
	区域1	区域2	区域3		
产品甲					
产品乙					
产品丙					
合计					

表 8-7　信息产品销售目标管理表

区　　域	内　　销	外　　销	合　　计
区域 1			
区域 2			
区域 3			
合计			

3．信息产品分销商的激励

信息产品分销商的激励，是指对信息产品分销渠道中的各个渠道成员所进行的激励。分销商的激励，包括直接激励和间接激励两种方式。

（1）直接激励

直接激励，是指通过给予中间商物质、金钱的奖励来激发中间商的积极性，从而实现公司的销售目标。直接激励主要有三种形式：返利、价格折扣和开展促销活动。

1）返利。采用返利方式激励时应注意：①返利标准：一定要分清品种、数量、坎级、返利额度。②返利形式：一定要注明是现金返，还是货物返，或是二者结合。对于货物返，能否作为下期的销售任务数，也要注明。③返利时间：是月返、季返，还是年返，应根据产品特征、流转周期而定。④返利附属条件：如严禁跨区域销售、严禁擅自降价、严禁拖欠货款等。

2）价格折扣。价格折扣方式包括：①数量折扣；②贸易折扣；③现金折扣；④季节折扣。

3）开展促销活动。促销活动开展应注意：①促销目标：一定要明确，如销售额增加多少，渗透终端店多少等。②促销力度：既要考虑是否能刺激中间商，又要考虑企业成本的承受能力。③促销内容：赠品、抽奖、派送、返利等，一定要吸引人。④促销时间：何时开始，何时结束，必须让所有顾客都知道。⑤促销费用申报。⑥促销活动管理。⑦促销活动考评：对促销效果进行考评。

（2）间接激励

间接激励，是指通过帮助中间商获得更好的管理、销售方法，从而提高销售绩效。

1）帮助中间商做好进销存管理。帮助中间商做好进销存管理，指帮助中间商建立进销存报表，做好安全库存数和先进先出库存管理。

2）帮助中间商进行零售终端管理。帮助中间商进行零售终端管理，指帮助中间商整理货架，设计商品陈列形式等终端管理工作。

3）帮助中间商管理其客户网络。帮助中间商管理其客户网络，指帮助中间商建立客户档案，包括客户的店名、地址、电话等，并根据客户的销售量将它们划分等级，据此告诉中间商对待不同等级客户应采用不同的支持方式等。

4）实施伙伴关系管理。实施伙伴关系管理，即伙伴营销，是指制造商与中间商结成合作伙伴，风险共担，利益共享。伙伴营销的基本构成要素为：共享利润、相互信任、相互尊重、相互联系、诚实反馈、相互合作、灵活多样、相互理解。在伙伴营销中，制造商与中间商作为合作者，共同致力于提高产品质量、降低管理成本，相互参与对方的产品开发、存货管理与销售过程。伙伴营销建立多以长期合同为基础，双方着眼于未来交易和长期利益，将为共同的目标而努力。

8.2.2　信息产品分销渠道的控制

1. 渠道冲突的类型及其化解对策

（1）渠道冲突的类型

渠道冲突，是指分销渠道成员由于利益之争，而引起相互间的矛盾与冲突，即分销渠道中的一方将另一方视为对手，对其进行伤害、设法阻挠或在损害该成员的基础上获得稀缺资源。渠道冲突包括：

1）水平渠道冲突：指某渠道内同一层次中的成员之间的冲突。如同级批发商或零售商之间的冲突，表现为跨区域销售、压价销售等。

2）垂直渠道冲突：指同一条渠道中不同层次之间的冲突。如批发商与零售商之间的冲突，表现为信贷条件的不同、提供服务的不同、进货价格的不同等。

3）多渠道冲突：也称交叉冲突，是指两条或两条以上渠道之间的成员间发生的冲突。如直接渠道与间接渠道之间的冲突、代理商与经销商之间的冲突等。

（2）渠道冲突化解对策

1）销售促进激励：指加强对渠道成员的激励，以物质利益刺激他们求大同，存小异，大事化小，小事化了。如价格折扣、数量折扣、按业绩奖励制度等。

2）进行协商谈判：指为实现解决冲突的目标而进行的讨论沟通。成功的、富有艺术的协调谈判能够将原本可能中断的渠道关系引向新的成功之路。它是营销渠道管理的常用的有效的方法之一。

3）清理渠道成员：指对于不遵守游戏规则、屡教不改的渠道成员，有可能是当初对其考察不慎，该成员的资信、规模和经营手法未达到成员的资格与标准，应被列为不合格的成员而清除出联盟。

4）采取法律手段：指渠道系统中冲突存在时，一方成员按照合同或协议的规定要求，另一方成员行使既定行为的法律或仲裁手段。采取法律手段，应当是解决冲突的最后选择。

2. 窜货的类型及其管理

（1）窜货的类型

窜货，也称倒货、冲货，是指产品越区销售，它是渠道冲突的一种典型的表现形式。

1）自然性窜货：指分销商在获取正常利润的同时，无意中向自己辖区以外的市场销售产品的行为。

2）良性窜货：指分销商不仅在其辖区内销售产品，且将产品销售到其他非重要或空白市场的行为。

3）恶性窜货：指分销商为获取非正常利润，蓄意向自己辖区以外的市场销售产品的行为。

（2）窜货的治理对策

不是所有的窜货都具有危害性，也不是所有的窜货现象都应及时加以制止，但是对于恶性窜货现象，企业必须严加防范和坚决打击。对于窜货现象，企业可采取的对策有：

1）归口管理，权责分明。企业分销渠道管理应该由一个部门负责，制定一整套的管理制度，如代理商的资格审查，设立市场总监，建立巡视员工作制度，建立严格的奖惩制度等。

2）签订不窜货协议。制造商与各地经销商、代理商之间是平等的企业法人关系，需要通过签订经销或代理合同来约束各分销商的市场行为。在合同中明确加入"禁止跨区销售"的条款及违反此条款的惩处措施。

3）加强销售通路管理。销售管理人员对销售通路管理应做到：①积极主动，加强监控，检查有无窜货现象发生；②信息沟通渠道畅通，以便及时掌握市场窜货状况，并及时处理；③一旦确认为恶性窜货现象，必须严肃处理。

4）外包装区域差异化。企业对销往不同地区的产品可在外包装上进行区别，这是解决窜货的一个有效办法，如：①给予不同的编码。采用批次编号，不同地区销售的产品批次编号不同；②利用条码。对销往不同地区的产品外包装上印刷不同的条码；③通过文字标识。在每种产品的外包装上，印刷有"专供××地区销售"的字号；④采用不同的颜色的商标。在保持其他标识不变的情况下，采用不同的颜色加以区分。

5）建立合理的价差体系。企业的价格政策要有利于防止窜货，如：①每一级代理的利润设置不可过高，也不可过低；②管理好促销价，且对促销时间和促销货品的数量严加限制；③价格政策要有一定的灵活性，并且还要严格监控价格体系的执行情况，并制定对违反价格政策的处理办法，使分销商不至于因价格差异而窜货。

6）加强营销队伍的建设与管理。营销人员自身的素质对窜货的管理至关重要，如：①严格人员招聘，甄选和培训制度；②制定人才成长的各项政策，使各业务员能人尽其才；③严格推销人员的考核，建立合理的报酬制度，考核时应注意销售区域的潜量以及区域形状的差异、交通条件、地理状况等，力争从多方面杜绝窜货现象的发生。

8.2.3 信息产品分销渠道的整合

1. 信息产品分销渠道的调整

1）渠道成员功能调整，是指重新分配分销渠道成员所应执行的功能，使之能最大限度地发挥自身潜力，从而达到整个分销渠道效率的提高。

2）渠道成员素质调整，是指通过提高分销渠道成员的素质与能力，来提高分销渠道的效率。素质调整可以用培训的方法永久地提高分销渠道的素质水平，也可以用帮助的方法暂时提高分销渠道成员的素质水平。

3）渠道成员数量调整，是指增加或减少分销渠道成员的数量，以提高分销渠道的效率。

4）个别分销渠道调整，是增加或减少某些分销渠道。这是分销渠道调整的较高层次，具体可采用两种方法：①某个分销渠道的目标市场重新定位，即考虑将该分销渠道用于其他目标市场；②某个目标市场的分销渠道重新选定，即考虑重新选择新的分销渠道占领目标市场。

2. 信息产品分销渠道的整合

分销渠道整合，是指将所有分销渠道成员整合成一个互动联盟。该联盟能通过优势互补，营造集成增势的效果，从而在纵深两方面强化渠道的竞争能力。

1）渠道扁平化。渠道扁平化，是指增加渠道的跨度而减少渠道的层次。渠道扁平化，绝不是简单地减少某一渠道层次，而是优化企业的供应链，真正减少供应链中不增值或增值很少的环节。

2) 渠道品牌化。分销渠道,与产品、服务一样,需要建立品牌。渠道品牌化就是树立整个分销渠道的品牌知名度和美誉度,利用渠道的品牌优势,推进产品的销售。

3) 渠道集成化。渠道集成,是指把传统渠道和新兴渠道完整地结合起来,充分利用两者各自的优势,共同创造一种全新的经营模式。

4) 渠道伙伴化。渠道伙伴化,是指通过渠道整合,建立渠道成员间伙伴型的关系,各渠道成员不仅是利益共同体,而且是命运共同体。伙伴方式包括有联合促销、信息共享、互相培训学习等。

5) 决胜终端。决胜终端,是指企业以终端市场建设为中心来运作市场。一方面通过代理商、经销商、零售商等环节的服务和监控,使得各自的产品能够及时、准确而迅速地通过各渠道环节到达零售终端,提高产品市场的展露度,使消费者买得到;另一方面在终端市场进行各种各样的促销活动,提高产品的出货率,激发消费者的购买率。具体措施包括:①直接激励零售商积极性,直接返利到零售商场;②对导购员队伍进行科学激励和绩效管理,加强对导购员的产品知识及素质的培训;③完善对终端基层管理者的产品知识、导购技巧、售点陈列维护、沟通技巧等业务培训;④贴心服务到终端及当地市场;⑤规范定期市场巡视制度,确保终端售点始终保持在最佳状态;⑥推行文化营销,整个销售队伍向共同远景和统一的文化平台奋斗。

知识训练

一、填空题

1. 分销渠道是企业与顾客的桥梁,信息产品分销渠道设计的原则包括_____、_____、稳定可控原则、协调平衡原则、发挥优势原则。

2. 信息产品的独特性决定了信息产品的分销渠道不同于传统产品的分销渠道,具有自己独有的特性,即_____、_____、信息产品分销渠道管理体制要求先进。

3. 垂直渠道系统,是由信息产品生产企业、批发商和零售商组成一个统一系统。该种分销渠道系统表现为三种形式:_____、_____、契约式垂直系统。

4. 分销商的选择,一般采用评分法进行选择。选择分销商的评价标准一般有_____、

_____、适应性标准。

5. 窜货，也称倒货、冲货，是指产品越区销售，它是渠道冲突的一种典型的表现形式。窜货一般可分为自然性窜货、_____、_____。

二、判断题

1. 信息产品分销渠道，是指信息产品由生产者向消费者或用户转移过程中，取得这种产品的所有权或帮助其所有权转移的所有企业和个人。（　　）

2. 未来的竞争，已不仅仅是产品的竞争，更是分销渠道的竞争，拥有稳定、高效的分销渠道是企业具备核心竞争力的体现之一。（　　）

3. 采用经销渠道模式，企业可以快速有效地掌控零售终端，避免渠道波动；可以更好地控制窜货现象，从而提高公司渠道利润水平。（　　）

4. 当渠道系统存在冲突时，一方成员可以按照合同或协议的规定采取法律手段要求另一方成员行使既定行为，这是解决渠道冲突最常用和最有效的方法。（　　）

5. 所有的窜货都具有危害性，因此企业对所有的窜货现象都应及时加以制止，必须严加防范和坚决打击。（　　）

三、选择题

1. 分销渠道，是指产品由生产者向消费者或用户转移过程中所经过的途径和路线，连接生产者和消费者的中间环节是（　　）。

　　A. 生产商　　　　B. 制造商　　　　C. 中间商　　　　D. 销售商

2. 某渠道内同一层次中的不同成员之间的冲突，是指（　　）。

　　A. 水平渠道冲突　B. 垂直渠道冲突　C. 中间渠道冲突　D. 多渠道冲突

3. 通过帮助中间商获得更好的管理、销售方法，从而提高其销售绩效的激励方式，是指（　　）。

　　A. 管理激励　　　B. 销售激励　　　C. 直接激励　　　D. 间接激励

4. 企业对销往不同地区的产品，在其外包装上印刷有"专供××地区销售"的字号，这种解决窜货的办法，称为（　　）。

　　A. 归口管理，权责分明　　　　　　B. 加强销售通路管理
　　C. 建立合理的价差体系　　　　　　D. 外包装区域差异化

5. 企业重新分配分销渠道成员所应执行的功能，使之能最大限度地发挥自身潜力，从而达到整个分销渠道效率的提高，这种渠道调整方法称为（　　）。

　　A. 渠道成员素质调整　　　　　　　B. 渠道成员功能调整
　　C. 渠道成员数量调整　　　　　　　D. 个别分销渠道调整

技能训练

信息产品销售代理协议书写作

◉ 案例背景

广东联华计算机有限公司拟通过销售代理方式开拓广东省的农村市场。公司拟在广东省内寻求一个销售总代理合作伙伴，总代理公司联华牌计算机的销售。很快，广东省南方计算机连锁超市有限公司应征合作。为明确企业与总代理商的权利与义务，切实保障各自的权益，公司拟与南方计算机连锁超市有限公司签订一份信息产品销售代理协议书，合作期限暂定为一年，自2024年1月1日到2024年12月31日。协议约定，若合作成功，公司将续签两年。

试根据以上背景资料，为联华公司制定一份信息产品销售代理协议书。

◉ 目的要求

1）能认识并实现组织分工与团队合作；
2）能撰写出符合格式要求的信息产品销售代理协议书；
3）能整理总结出信息产品销售代理协议书写作课题分析报告；
4）能清晰地口头表达出信息产品销售代理协议书写作实训心得。

◉ 训练指导

1）组建实训课题小组：将教学班学生按每小组6~8人的标准划分成若干课题小组，每个小组指定或推选出一名小组长。

2）确定实训小组课题：每个小组根据信息产品销售代理协议书写作背景资料的要求，完成一份信息产品销售代理协议书的写作。

3）实施写作课题研究：各小组长根据信息产品销售代理协议书写作的计划，调配资源，明确各组员的任务，并督促大家有效地完成任务，包括信息产品销售代理协议书的草拟、修改和定稿，信息产品销售代理协议书写作课题分析报告的撰写、打印，以及小组的发言等。

4）撰写实训课题报告：每个小组完成一份信息产品销售代理协议书写作的课题分析报告。

5）陈述写作实训心得：由各个小组推荐的发言人或小组长代表本小组陈述本小组实训课题分析报告和实训心得。

第 9 章 信息产品促销策略

学习目标

1. **知识目标**

（1）能叙述和理解信息产品促销的作用和组合。
（2）能叙述和列举信息产品促销的导向与特点。
（3）能理解和运用信息产品人员推销策略。
（4）能理解和运用信息产品广告策略。
（5）能理解和运用信息产品营业推广策略。
（6）能理解和运用信息产品公共关系策略。

2. **能力目标**

（1）能综合运用本章知识剖析现实案例。
（2）能依据案例背景策划信息产品促销方案。
（3）能撰写信息产品促销方案策划技能训练报告。

3. **素质目标**

强化责任意识，勇于担当尽责，提升履职能力。

重点难点

1. 信息产品人员推销策略。
2. 信息产品广告策略。
3. 信息产品营业推广策略。
4. 信息产品公共关系策略。
5. 信息产品促销方案策划。

情智故事

吴孟超——勇于担当为病人

吴孟超，中国科学院院士，被誉为"中国肝胆外科之父"，从医78年，自主创新重大医学成果30多项，主刀16000多例手术，救治了20000多名患者。

吴孟超年轻时师从著名外科学家裘法祖，从查房、检查病人到科研、开刀，一直与裘法祖在一起，并且把裘法祖的一言一行、一举一动都写下来。裘法祖曾用四个"非常"赞扬吴孟超："非常勤奋、非常刻苦、非常聪明、对病人非常好。"

有一次，一位病人的肚子肿胀地非常大。吴孟超仔细检查确认是一个罕见的特大肝海绵状血管瘤，瘤子直径竟达68厘米！在无人敢做手术的情况下，年轻的吴孟超却要接手，大家都劝他三思而后行。吴孟超说："如果遇到高难度的手术大家都不做，如果一个医生在风险面前过多考虑自己的名利得失，那无数病人就可能在医生的犹豫和叹息中抱憾离开人世。"

手术当天，吴孟超整整花费12个小时，切下重达18公斤的巨大瘤子，这个重量至今还保持着世界纪录。当时远在武汉的裘法祖听说手术成功后，觉得非常了不起，专程赶到上海向吴孟超学习。裘法祖说："这么难的手术，我也做不了，吴孟超的外科水平已经超过了我，他是青出于蓝而胜于蓝啊！"

情智点评：吴孟超医生以舍我其谁的责任担当精神，承担了至今还保持着世界纪录的高难度的手术，突破手术"禁区"，创造医疗奇迹。作为信息产品营销人员，也应有这种勇于担当的责任意识，敢做难事，在困难和问题面前不退缩、不动摇；遇事不避难，对事业和工作永远充满激情、保持干劲。

9.1 信息产品促销概述

9.1.1 信息产品促销的组合

1. 促销的含义

促销，是指信息技术企业通过人员和非人员方式将所经营的产品或提供的服务的信息传递给消费者，激发其购买欲望，影响和促进其产生购买行为的方法。

促销的本质是信息的传播与沟通，即通过向消费者传递企业及其产品的相关信息，影响他们接受企业及其产品，以便直接或间接地促进产品的销售。

2．促销的作用

1）提供商业信息。促销活动的开展，可以向顾客提供企业生产经营的产品及其品牌、产品功能、产品特点、产品销售点、产品购买条件等信息。

2）提高竞争能力。促销活动的开展，可以有效地提高企业产品和品牌的知名度，促使顾客加深对企业产品和品牌的认识与喜爱，增强信任感，从而提高竞争能力。

3）巩固市场地位。促销活动的开展，可以树立良好的企业形象，从而培养和提高顾客的品牌忠诚度，巩固和扩大企业产品的市场占有率。

4）拓展目标市场。促销活动的开展，可以引起顾客对企业产品的兴趣，诱导其需求，引导顾客的消费，从而为产品拓展市场提供有效帮助。

3．促销策略

1）拉引策略：指企业以最终消费者为主要促销对象，通过广告、营业推广等直接面向消费者的强大促销攻势，把企业产品或服务介绍给最终市场的消费者，使之产生强烈的购买欲望，形成急切的市场需求，然后拉引中间商纷纷要求经销该种产品的策略。

2）推动策略：指企业以中间商为主要促销对象，通过人员推销的手段，争取中间商的合作，利用中间商的力量把企业产品或服务推向市场，推向消费者的策略。

4．促销组合

促销组合，是指企业有目的、有计划地将多种促销方式配合起来综合利用，形成一个整体的促销策略系统。促销的方式见表9-1。

表9-1 促销的方式

促销方式	优　点	缺　点
人员推销	直接沟通信息、反馈及时、针对性强、可当面促成交易	占用人员多、费用高、接触面窄
广告	传播面广、形象生动、节省人力	只针对一般消费者、难以立即成交、广告支出较大
营业推广	吸引力大、激发购买欲望、可促成消费者即时冲动购买行动	接触面窄、有局限性、有时会降低产品价格
公共关系	影响面广、信任度高、可提高企业知名度和声誉	花费力量较大、效果难以控制

9.1.2 信息产品促销的导向

促销策略的导向,是指促销策略的定向,即在一定时期内,以什么样的因素来左右和引导促销策略的制定。具有一定导向的促销策略可以引导消费者去认识商品、购买商品和使用商品。

微课08
信息产品促销
的导向

1. 利益导向

所谓利益导向,是指在促销策略中贯穿一种利益关系,使消费者充分感受到,如果购买使用某种产品或服务,可以从中获得某种实惠,获得某种物质和精神上的满足。

比如计算机的促销,一般的做法是着重宣传计算机的内在品质,计算机的使用给用户带来的利益等,但进一步了解才会发现,要使消费者成为企业产品的用户,还必须教会他如何去驾驭计算机,如何得心应手地去操作它。此时,促销策略的利益导向就发生了变化,其做法就应有所改变。

2. 品牌导向

消费者对信息产品的品牌偏好,是消费者对信息产品品质的期望和寻求一种心理上的满足。品牌导向可以起两个作用:一是可以使消费者在众多的竞争产品中甄别出企业的产品,使之成为企业的顾客;二是可以使消费者对企业未来的新产品更加关注,率先创造出一批潜在的顾客。

3. 创新导向

技术创新不仅是一种技术行为,更是一种市场行为,是以盈利为目的的行为。技术的成长是在不断地解决问题和提高集成度的相互作用下实现的。不断地发现问题并通过不断地提高集成度解决问题,实质上既是一个企业寻求市场机会,赢得市场机会的过程,也是一个用户寻求满意的过程。因此,在促销策略中向社会公众,包括中间开发者、中间商和最终用户宣传技术创新的社会意义和市场价值,其号召力是非常大的。

4. 竞争导向

所谓竞争导向,是指信息技术企业把竞争对手的行为作为自己促销策略设计的主要参照系,制定出一套动态的针对竞争对手的促销策略。构成竞争行为参照系的要素包括:①竞争对手的R&D(研究与开发)动态;②竞争对手产品的缺陷;③竞争对手产品的上市速度;④竞争对手的反应模式;⑤竞争对手促销策略的强度等。

9.1.3 信息产品促销的特点

（1）信息产品促销是一种知识营销

信息产品的主要特点（技术性、快速更新性、创新性等）对企业促销策略的制定将产生重要影响。首先，产品的高技术性要求企业阐明产品的特性是如何满足消费者的需求和愿望；其次，产品的快速更新性要求企业向消费者说明产品的适用性；最后，产品的创新性要求企业向消费者解释采用的新技术和为消费者提供的新增的价值。因此，信息产品的营销就是一种知识营销。

知识营销要求信息技术企业的营销人员专家化，使用训练有素的技术人员代替传统的推销队伍。要求营销人员不仅要具备营销人员的素质和能力，而且要具备丰富的专业知识，通晓产品的性能、用途、使用方法和相对竞争对手产品的优势，并掌握现代信息手段。

 知识拓展 9-1　　知识营销

知识营销，是指向大众传播新的信息技术以及它们对人们生活的影响，通过科普宣传，让消费者不仅知其然，而且知其所以然，重新建立新的产品概念，进而使消费者萌发对新产品的需要，达到拓宽市场的目的。

随着知识经济时代的到来，知识将成为发展经济的资本，知识的积累和创新，将成为促进经济增长的主要动力源，因此，作为一个信息技术企业，在搞信息技术开发的同时，还要进行知识的推广，使一项新产品研制成功的市场风险降到最小，而要做到这一点，就必须运用知识营销。

（2）信息产品促销首要任务是令消费者安心

消费者选购信息产品的决策标准除了价格因素之外，主要就是对企业的信任以及产品的性能和质量。因此，信息产品的促销首要的是给消费者予以指导，以使消费者安心，而不能像传统产品促销那样去鼓励和吸引消费者。

（3）信息产品促销更要讲究促销艺术

信息产品在技术上的复杂性和应用上的专门化，使其与丰富的人类精神生活形成鲜明反差。为抵消这一不良影响，信息产品的广告促销和营业推广都应更具有情感特点，以情动人。例如联想集团的著名广告"人类失去联想，世界将会怎样"就发人深省，令人倍感亲切。

9.1.4 信息产品促销的程序

1. 制定促销目标

促销目标，是指信息技术企业促销活动开展应达到的目标。它是一种阶段性目标，必须服从信息技术企业的整体营销目标。制定促销目标应力求准确性、现实性和科学性。

2. 明确促销主题

设计的促销主题，必须要能引起消费者的注意，激发消费者的购买欲望。促销主题应鲜明生动、通俗易懂并结合流行热点和焦点。

3. 选择促销创意

促销创意必须求新、求奇、求特，使消费者感到好奇、新鲜，感到特别，感到与众不同，这样的促销活动才会有吸引力。

4. 拟订促销方案

拟订的促销方案必须是具有可操作性的具体实施方案，促销方案必须明确促销地点、时间、方式、口号、促销品种、促销人员分工及要求，以及礼品发放、回收优惠券等工作。拟订促销方案时，应注意考虑的因素有：

1）促销时机：应根据消费需求时间的特点并结合企业市场营销战略来确定。

2）促销期限：应综合信息技术企业产品特点、消费者购买习惯、促销目标、竞争者策略等因素来确定。

3）促销对象：应根据不同的促销对象选择不同的促销方式。

4）促销预算：拟订促销方案时，必须考虑促销活动的每一环节、每一步骤，对其总开支应有一个规划和控制，尽量做到少花钱多办事。

5）应急方案：在拟订促销方案时，应制订一套应急方案，针对各种可能出现的意外情况制定相应的解决办法。

5. 实施促销方案

实施促销方案应在促销活动开展前做好各种准备工作，并在执行过程中考虑好每一个细节，包括现场商品整理陈列、库存的检查、及时的调货、销售资料的记录、活动落实的检查以及出现问题后的改进等。

6. 评价促销效果

促销方案执行后，信息技术企业应认真地总结其经验与教训，评价促销活动的效果，为以后促销活动的开展提供资料与帮助。

9.2 信息产品人员推销策略

9.2.1 信息产品人员推销概述

信息产品人员推销，是指信息技术企业派出推销人员直接向顾客传播和沟通信息、推介信息产品，使其产生购买行为，促成产品实现销售的促销方式。

1. 信息产品人员推销的任务

1）推销产品。推销产品，是信息产品人员推销的基本任务。即通过与顾客的直接接触，有效地分析顾客的需求，运用销售的技巧，诱导其购买，从而实现信息产品的销售。

2）寻找客户。推销人员在推销信息产品的过程中，要善于从市场中挖掘和发现新的潜在的顾客需求，捕捉企业新的市场机会。

3）传播信息。推销人员应及时地将企业的产品信息传递给目标顾客，诱导和激发顾客的购买欲望。

4）收集信息。推销人员应时刻保持敏锐的营销意识，善于收集各种现实或潜在的顾客需求信息，并及时反馈给企业的决策部门。

5）提供服务。推销人员在与顾客一对一接触过程中，应始终如一地为顾客提供各种售前、售中、售后服务，如产品咨询、技术支持、资金融通、解决存在问题等。

2. 信息产品人员推销的形式

1）上门推销：指由推销人员携带样品、说明书、订货单等资料走访顾客，实现产品销售的方式。这是一种被企业和公众广泛认可和接受的推销形式。

2）柜台推销：指由营业员接待进入商店的顾客，向顾客介绍信息产品，回答询问，促成交易的推销方式。

3）会议推销：指利用各种会议的形式介绍和宣传信息产品，开展推销活动。如推介会、订货会、展销会等。

9.2.2 信息产品人员推销的程序与策略

1. 信息产品人员推销的程序

1）寻找顾客。推销人员可以通过信息查询法、介绍寻访法等方法寻找新的顾客和潜在顾客。

2）推销准备。开展推销之前，推销人员应充分做好相关资料的准备，包括市场资料、顾客资料、信息产品资料等。

3）访问顾客。推销人员开始（第一次）与顾客进行接触，需要让顾客留下深刻和良好的印象。

4）推销洽谈。在推销洽谈过程中，要介绍信息产品的整体优势和突出特点，重点说明信息产品能给顾客带来的利益。

5）处理异议。推销人员在顾客产生异议时，应随机应变地排除异议、说服顾客。

6）达成交易。当顾客被说服时，推销人员应及时与顾客签订购销合同，达成交易。

7）跟踪反馈。在信息产品销售后，推销人员还应及时了解顾客使用产品后是否满意、是否有问题需要解决等，并积极、及时地做好售后服务。

2. 信息产品人员推销的策略

1）刺激—反应策略：也称试探性策略，是指当推销人员不了解顾客需求时，运用事先精心设计的主题，与顾客进行渗透性交谈。通过试探，了解顾客需求后，再进行推销的策略。

2）配方—成交策略：也称针对性策略，是指当推销人员掌握了顾客的需求后，有针对性地宣传、展示和介绍信息产品，以引起顾客的兴趣和好感，从而达成交易的策略。

3）诱发—满足策略：也称诱导性策略，是指推销人员在推销时，能因势利导，有意识地诱发、唤起顾客对某种信息产品的需要，促使顾客产生想满足这种需要的欲望，然后不失时机地宣传、介绍和推荐所推销的产品，从而实现成交的策略。

9.2.3 信息产品推销人员的选择与培训

1. 信息产品推销人员的组织结构

信息技术企业的推销人员可以采取三种形式，一是建立自己的销售队伍，使用本企业的推销人员来推销产品，这是信息技术企业推销人员的主要组成部分；二是使用专业合同推销人员，如销售代理商、经纪人等；三是雇用兼职的售点推销员，开展产品操作演示、咨询介绍等。企业的推销人员根据组织形式的差异，可形成不同的结构。

1）区域式结构：指企业将目标市场划分为若干个销售区域，每个推销人员负责一个区域内的全部产品推销业务的组织结构形式。

2）产品式结构：指企业将产品分成若干类，每个推销人员或每几个推销人员为一组，负责推销其中一种或几种产品的组织结构形式。

3）顾客式结构：指企业将其目标市场按顾客的属性进行分类，不同的推销人员负责向不同类型的顾客进行产品推销的组织结构形式。

4）复合式结构：指当企业的产品类别多、顾客的类别多而且分散时，综合考虑区域、产品和顾客因素，按区域——产品、区域——顾客、产品——顾客或区域——产品——顾客等来分派推销人员的组织结构形式。

2. 信息产品推销人员的选择

（1）信息产品推销人员的素质要求

1）富有责任感的职业道德。推销工作是一项具有挑战性的艰辛的工作，推销人员需要有积极向上、勇于进取的精神，强烈的事业心和高度的责任感。

2）宽广的知识结构。推销人员必须具有开阔的知识面，应该具备多方面的基本知识素养，包括政治法律知识及经济学、市场营销学、社会学、心理学知识等。

3）随机应变的沟通能力。顾客的购买意图往往若隐若现，成交信号也是稍纵即逝，且不同顾客的需求存在着差异性，因此，推销人员必须具备随机应变的沟通能力。

4）乐观自信的个性和亲和力。推销人员应该具备热情奔放、乐观自信、当机立断的外向型性格特征，经常保持乐观主义的精神面貌，使人产生平易近人的亲和力。

（2）信息产品推销人员的选择方法

1）专业知识测验。主要对应聘者进行推销知识方面的测验，旨在衡量应聘者是否具备所需的推销基本知识，可以采取笔试或口试方式。

2）心理素质测验。主要是对应聘者进行智力、个性、兴趣、素质等心理特征的测验。智力测验主要测定应聘者的智力系数，包括记忆、思考、理解、判断、辩论等能力；个性测验主要测定应聘者的脾气、适应力、推动力、感情稳定性等个性；兴趣测验主要测定应聘者的学习或工作方面的兴致所在；素质测验主要测定应聘者的推销才能、社交才能等方面的潜在素质。

3）环境模拟测验。主要是采取模拟工作环境的各种情况的办法，测验应聘者在若干推销工作压力下怎样做出反应。主要方式有推销实习、挫折处置、实地试验等。推销实习，是指提供给应聘者一切有关资料，要求应聘者表演如何向购买者进行推销，然后由主持测验人做出评判。挫折处置，是指由面谈人利用批评、阻碍或表示应聘者已经落选等方式给出一种挫折的情形，就如同在推销工作中遇到挫折一样，看应聘者如何应付和处理。实地试验，是指让应聘者随同推销员一起工作，使其能观察实地工作情形，面对真正的顾客，看应聘者应付顾客的能力和对待工作的兴趣与态度等。

3. 信息产品推销人员的培训

推销人员一般需要培训的内容有企业、产品、用户、市场等知识以及推销技巧、推销程序、推销责任等。培训的方法包括课堂培训、会议培训、模拟培训和实地培训等。

1）课堂培训。这是一种正规的课堂教学培训方法，一般由推销专家或有丰富销售经验的推销人员采取讲授的形式将知识传授给受训人员。

2）会议培训。这种方法也称专题讨论，一般是组织推销人员就某一专门议题进行讨论，会议由主讲老师或推销专家组织。

3）模拟培训。这是一种由受训人员亲自参与并具有一定实战感的培训方法，具体做法可以是实例研究、角色扮演、业务模拟等。

4）实地培训。这是一种在工作岗位上练兵的培训方法，一般是由有经验的推销人员带几周，然后才逐渐放手，让其独立工作。

案例 9-1　京东员工的培训体系

京东商城是国内领先的综合网络零售企业，公司秉承"客户为先"的经营理念，致力于为消费者提供丰富优质的产品、便捷的服务和实惠的价格，打造广大用户的优质网购入口。京东的人员结构是二元结构，近70%的员工是仓储、配送、客服等一线蓝领员工，另外30%是具有互联网属性的电子商务白领。两类群体特点各异，前者更注重执行力。结合员工特性和业务发展需求，京东从领导力、专业力和通用力三方面搭建培训体系。

1. 领导力培训：让领导力迅速跟上企业发展速度

京东的发展速度是惊人的，而留给员工成长的时间是有限的。为了让人岗匹配率跟上京东的发展速度，京东尝试过用各种方法及时填补岗位空缺，却发现"人在其位，未能谋其政"——管理者不具备其岗位应有的管理技能。领导力项目就是为快速满足业务发展需要、迅速把在岗管理者培养成为合格的管理者而设计的，采用铺布的方式，从上往下逐层推进。

2. 专业力培训：课程自主开发

电商是快速发展的行业，知识更新速度快，而京东多年的电商之路，为课程的研发积累了大量宝贵的资源。因此，京东的专业力课程基本都是内部挖潜，即由业务部门主攻课程的开发和讲授，京东大学负责组织课程开发研讨会，并设计培训流程和讲课技巧。

3. 通用力培训：提升员工的职业素养

在市场变幻莫测、行业发展日新月异的时代，无论是对管理者还是对基层员工而言，学习都是其职业生涯中必不可少的内容。不仅专业知识的累积对员工自身发展至关重要，而且管理课程、心理课程等课程的学习都会影响员工的职场表现。所以京东一直关注通用力的建设，目前已经形成一套相对完善的课程体系，通过"商务礼仪""走进音乐的世界"等课程的学习，提升员工的职业素养。

9.2.4 信息产品推销人员的考核与激励

1. 信息产品推销人员的考核

对推销人员的激励是建立在对他们的推销成绩进行考核和评估的基础上，企业对推销人员的考核和评估，不仅是为了表彰先进，也是为了发现推销效果不佳的市场和人员，分析原因，找出问题，加以改进。推销人员的考核评估指标可分为两个方面：

1）直接的推销效果，如推销产品的数量与价值、推销的成本费用、新客户销量的比重等。

2）间接的推销效果，如访问顾客人数与频率、产品与企业知名度的增加程度、顾客服务与市场调查任务的完成情况等。

2. 信息产品推销人员的激励方式

1）环境激励：指企业创造一种良好的工作氛围，使推销人员能心情愉快地开展工作。

2）目标激励：指为推销人员确定一些拟达到的目标，以目标来激励推销人员的上进心和积极性。

3）物质激励：指对做出优异成绩的推销人员给予晋级、奖金、奖品和额外报酬等实际利益，以调动推销人员的积极性。

4）精神激励：指对做出优异成绩的推销人员给予表扬、颁发奖状、授予称号等，以此来激励推销人员的上进心和积极性。

案例 9-2　4S 文化，成长成就京东人

京东人才观可总结为"一个中心，三个基本点"：以成长成就京东人为中心，通过重德重才选拔人、全心全意培养人、能上能下激励人三个标准实现中心目标。为了使京东人才观深入人心，京东在员工内部推行 4S 文化的价值理念，即 JD Style、JD Stage、

JD Speed、JD Success。

　　JD Style——"寻觅京东范儿"。京东的每位员工都可以有范儿。如果是一名配送员，会因为单量高或者有自己独特的技巧而成为一种 JD Style；如果是一名管培生，只要能力突出，为公司做出贡献，也是一种 JD Style。无论是从京东的管理哲学，还是管理实践，都可以看出京东最看重的是人，只有充分发挥人的作用，才能达成目标。所以，京东在不断地寻找不同的范儿。

　　JD Stage——"京东大舞台"。所谓"大舞台"是指随着员工能力的提升，京东提供给员工的平台会越来越大。当 HR 发掘出各种范儿的员工后，会为他们提供更大的舞台，展现他们的能力。在京东，机会是给有能力的人，关键在于他能力的提升速度是否能跟上"新舞台"的节奏。

　　JD Speed——"京东式成长速度"。随着舞台的不断变换，员工的"功力"必然需要增强，所以京东会为员工匹配相应的培训项目，强化员工工作中的薄弱环节。尽管针对不同层级的员工有不同的培训方式，但是都会让他们像京东的发展速度一样快速地成长。

　　JD Success——"在京东获得成功"。Success 是员工在京东收获的最后一个 S，即他可能做着平凡的工作，但在京东却能收获成功的事业，或者不一样的人生。

3. 信息产品推销人员的报酬制度设计

1）纯薪金制度：指无论推销人员的销售额多少，均可于一定的工作时间之内获得一定额的报酬，即固定报酬的薪金制度。

2）纯佣金制度：指推销人员的报酬与一定期间的推销工作成果或数量直接有关的，即按一定比率给予佣金的薪金制度。

3）薪金加佣金制度：指以单位销货或总销售金额的较少比率作佣金，每月连同薪金支付，或年终结束时累积支付的薪金制度。

4）薪金加奖金制度：指推销人员除了可以按时收到一定薪金外，还可获得较多奖金的薪金制度。

5）薪金加佣金再加奖金制度：指兼顾薪金、佣金和奖金三种方法，利用佣金及奖金，以促进工作成效的薪金制度。

6）特别奖励制度：指规定报酬以外的奖励，即额外给予奖励的薪金制度。

9.3　信息产品广告策略

9.3.1　信息产品广告概述

　　信息产品广告，是指信息技术企业以向大众媒体支付一定费用的方式将信息产品的有关信息传递给社会公众，以促进和扩大信息产品销售的促销方式。

1. 信息产品广告的特征

1）公众性：指信息产品广告是一种高度大众化的促销手段。

2）渗透性：指信息产品广告可将促销信息多次重复传播，向目标受众反复渗透，加深其印象并使其接受。

3）表现性：指信息产品广告是一种具有表现力的信息传播方式，它可以借助声音、图像以及各种艺术形式生动地表达促销信息。

2. 信息产品广告的目标

信息产品广告的最终目标就是通过广告宣传，提高企业产品的知名度，从而促进信息产品销售。但具体到不同的时期，其具体目标也是有所不同的，具体见表9-2。

表9-2　信息产品广告的目标

广告目标	广告目的	广告诉求重点	适用范围
通知性广告目标（创牌广告目标、开拓性广告目标）	介绍新产品和开拓新市场	通过对产品的性能、特点和用途的宣传介绍，提高消费者对产品的认识程度，提高消费者对新产品的知名度、理解度和品牌商标的记忆度	产品生命周期的介绍期（导入期）和成长期的前期
劝说性广告目标（竞争性广告目标、比较性广告目标）	加强产品的宣传，提高产品市场竞争能力	宣传企业产品较同类其他产品的优异之处，创立企业产品品牌，树立企业形象和产品形象，培养顾客对本企业品牌的忠诚度	产品生命周期的成长期后期和成熟期
提示性广告目标（保牌广告目标）	巩固已有市场阵地，并在此基础上深入开发潜在市场和刺激购买需求	保持消费者对企业产品和品牌的好感、偏爱和信心	产品生命周期的成熟期后期和衰退期

9.3.2　信息产品广告主题与设计

1. 信息产品广告主题

广告主题，是指广告将对消费者产生的预期认识、情感和行为反应。

1）理性主题：指直接向目标顾客和公众诉诸某种行为的理性利益，或显示产品能产生人们所需要的功能利益与要求，以促使人们做出既定的行为反应，如恒基伟业的"科技让你更轻松"、中国电信的"电信光宽带，上网就是快！"。

2）情感主题：指试图向目标顾客诉诸某种情感因素，以激起人们对某种产品的兴趣和购买欲望，如 TCL 公司的"亿万家庭的信赖"、中国联通的"情系中国结，联通四海心"。

3）道德主题：指以道义诉诸广告主题，使广告接收者从道义上分辨出什么是正确的或适宜的，进而规范其行为。

2. 信息产品广告设计要求

1）概念明确。广告设计时，对于要推销的产品要有明确的概念，要使广告的接受者一接触广告便能清晰地知道他看到或听到的是什么。

2）印象深刻。一则成功的广告，必须在短短数秒钟内给人以深刻的印象，这样才能使消费者深深地记住其内容。

3）引起兴趣。广告的设计，要使消费者从无意注意转为自觉有意注意，使广告对消费者产生巨大的影响。新奇的、自然的、轻捷的、真实的、浓烈的事物通常能引起人们兴趣和注意。

4）信息充足。广告在内容设计时应尽可能向消费者全面而准确地介绍产品。但一般情况下，广告应以突出重点的方式，把所宣传的产品或服务的最引人注目之处，或最与众不同之处重点介绍给消费者。

5）推动力强大。一则好的广告，必须充分揭示产品的功效，强调产品与消费者需求的联系，这样才能对消费者产生强大的推动力，使人在看了或听了之后产生强烈的购买欲望。

9.3.3 信息产品广告决策

1. 信息产品广告预算决策

信息产品广告预算，是指信息技术企业对信息产品广告活动所需费用的匡算。广告预算对广告活动具有计划和控制作用。作为计划手段，它以经费形式说明广告活动计划；作为控制手段，它在财务上决定广告计划执行的规模和进程。

（1）广告预算的内容

广告预算的内容包括：①广告调查费用；②广告制作费用；③广告媒体费用；④其他相关费用。

（2）广告预算的方法

广告预算的方法包括：①量力而行法：根据企业的财力大小决定广告的开支预算。②百分率法：根据销售额百分率或利润额百分率来确定广告的预算。③竞争对抗法：比照竞争者的广告开支决定企业广告的预算。④目标任务法：根据广告目标的要求制定广告预算。⑤投资利润率法：将广告支出视为一种投资，先预测出广告的投资利润率，以此制定广告预算。

（3）广告预算的分配

广告预算的分配可以采用的方式有：①按广告的产品分配：按产品的种类来分配广告预算。②按广告的媒体分配：按广告传播媒体的种类来分配广告预算。③按广告的地区分配：按不同地区来分配广告预算。④按广告的时间分配：按广告的时间来分配广告预算，包括长期性、短期性、突击性、均衡性、阶段性广告预算。⑤按广告的机能分配：按广告的不同机能来分配广告预算，包括广告媒体、广告设计、广告制作、广告调研费用等。

2. 信息产品广告媒体决策

（1）广告媒体的形式

广告媒体的形式包括：①印刷媒体：报纸、期刊等媒体。②视听媒体：电视、广播等媒体。③交通媒体：车、船、飞机等媒体。④户外媒体：霓虹灯、路牌等媒体。⑤其他广告媒体：邮寄广告、橱窗广告等媒体。

（2）影响媒体选择因素

1）产品特性。不同的产品特性对媒体有不同的要求。技术性能高的，可采用报纸、杂志做详细的文字说明，也可以用电视短片做详细介绍；需要表现外观和质感的产品，则需要借助具有强烈色彩性的宣传媒体，如电视、杂志等。

2）消费者的媒体习惯。有针对性地选择为消费者所接受并随手可得、到处可见的媒体，是增强广告促销效果的有效措施。

3）媒体的影响力。媒体的影响力，主要体现在媒体的传播范围与权威性上。全国性的媒体，一般来说其影响力大于地区性的媒体；但对于地区性销售的产品，选择地方媒体，其效果可能更好。

4）媒体的成本。选择广告媒体时，必须考虑其成本费用，不同媒体所需成本是不同的。

5）竞争态势。广告产品竞争对手的有无及其选择媒体的情况和所花费的广告支出，对企业的媒体选择有着显著的影响。若无竞争对手，则企业可从容地选择自己所需的媒体和安排广告费用。否则，企业必须考虑竞争对手的广告媒体选择与广告支出金额。若企业实力强大时，可以选择正面交锋，否则选择迂回战术或其他媒体。

（3）广告媒体选择策略

1）无差别策略：也称无选择策略，是指选择所有媒体同时展开立体式广告攻势，即不计时间段、不计成本的地毯式广告。

2）差别策略：指有针对性地选择个别媒体进行广告宣传。

3）动态策略：指根据广告媒体的传播效果和企业目标市场需达到的需求状态灵活地选择广告媒体。

3. 信息产品广告时间与频率决策

（1）信息产品广告时间决策

信息产品广告时间决策，是指对信息产品广告发布时间所做的决策。

1）集中时间策略：指企业集中力量在短期内对目标市场进行突击性的广告攻势。

2）均衡时间策略：指企业有计划地反复地对目标市场进行广告的策略。

3）季节时间策略：指对于季节性强的产品，依据销售季节的特点，在销售旺季的到来之前开展广告宣传活动的策略。

4）节假日时间策略：指企业在节假日时间来临之前或节假日期间加强进行广告宣传的策略。

（2）信息产品广告频率决策

信息产品广告频率决策，是指决定一定广告周期内信息产品广告发布的次数。

1）固定频率：指每个广告周期内的广告次数固定。固定频率可分为：①均匀序列型，是指广告的频率按时限平均运用。②延长序列型，是指广告频率固定，但时间间隔越来越长。

2）变动频率：指每个广告周期内发布广告次数不等。变动频率可分为：①波浪序列型，是指广告频率由少到多，又由多到少的起伏变化。②递升序列型，是指广告频率由少到多，到高峰时停止。③递降序列型，是指广告频率由多到少，跌到最低时停止。

4. 信息产品广告效果评估

信息产品广告效果评估主要包括广告销售效果和广告诉求认知效果评估两个方面。

（1）广告销售效果评估

广告销售效果评估，是指衡量通过广告促销，信息企业销售额的增长情况。广告销售效果衡量的指标包括销售量增加率、广告费用比率、广告销售效果比率等。

$$销售量增加率 =（广告后的销售量 - 广告前的销售量）\div 广告费用$$

$$广告费用比率 = 广告费用 \div 销售量$$

$$广告销售效果比率 = 广告产品销量增加量 \div 广告费用增加量$$

（2）广告诉求认知效果评估

广告诉求认知效果评估，也称广告沟通效果评估，是指评估广告是否将信息准确传递给了目标市场的消费者和公众。广告诉求认知效果衡量的指标包括：

1）阅读率：在广告媒体受众中，有多少比率的人阅读过该广告。

2）注目率：在看到该广告的人中，有多少比率的人能够辨认出该广告。

3）好感率：在看过该广告的人中，有多少比率的人对企业及其产品产生好感。

4）知名率：在看过该广告的人中，有多少比率的人了解企业及其产品。

9.4 信息产品营业推广策略

9.4.1 信息产品营业推广概述

信息产品营业推广，是指所有旨在短期内迅速刺激消费者冲动性购买，促成中间商与厂家达成交易及促进推销工作的非常规的优惠性促销活动。

1. 营业推广的特征

1）非连续性。营业推广一般是为了某种即期的促销目标而专门开展的一次性的促销活动，必须是非周期性、非规则性地使用和出现。

2）形式多样。营业推广的方式多种多样，包括优惠券、竞赛、抽奖、加量不加价、折价、包装促销、赠送、免费样品等。

3）即期效应。营业推广往往是在一个特定的时间里，针对某方面的消费者或中间商提供的一种特别优惠的购买条件，能给购买方以强烈的刺激作用。

2. 营业推广的功能

1）沟通功能：指企业通过各种营业推广方式，通知、提醒、刺激可能的消费者，使消费者体验到产品的实际效用，获得对该产品的了解，达到加强与消费者沟通的目的。

2）激励功能：指企业运用营业推广的手段，向顾客提供某些额外的利益，以此达到吸引产品的新试用者和报答忠于企业的老顾客。

3）协调功能：指企业运用营业推广方式，如购买馈赠、交易补贴、批量折扣等，来影响中间商，协调企业与中间商的关系，从而保持与中间商稳定的购销关系。

4）竞争功能：营业推广，是一种可以有效地抵御和击败竞争者的促销活动，它可以稳定和扩大企业的顾客队伍，促使顾客增加购买数量和购买频率。

3. 营业推广适用范围

1）在推出一种新的品牌或新的产品时。

2）为争取中间商合作，鼓励他们大量进货时。

3）当需要强化广告宣传的效果时。

9.4.2 信息产品营业推广策略类型

1. 针对消费者的营业推广

针对消费者的营业推广方式有很多，根据营业推广方式涉及的不同主题，可以将它们概括为以价格、赠送、奖励和展示为核心的四个主题群。

（1）以价格为核心的营业推广

以价格为核心的营业推广，是以产品的价格变化（通常是价格减让）作为刺激消费者消费的主要手段。一般来说，以价格为核心的营业推广，其优惠的幅度在15%～20%左右，比较容易吸引顾客。若优惠幅度超过50%，则必须说出令人信服的理由，否则顾客会怀疑它是假冒伪劣产品。以价格为核心的营业推广的常见应用形式有：

1）折价销售。这是对消费者运用最普遍的营业推广方式之一。它是指信息企业在一定的时间内进行价格上的减让（如产品七折、八折销售），特定时间一过，又恢复原价。

2）优惠卡券。这是一种证明减价的凭证，持有者凭券或卡可在购买产品时享受一定数量的减价优惠。优惠卡具体表现为贵宾卡、会员卡等形式。

3）特价包装。指信息企业对其产品的正常零售价格以一定幅度的优惠，并将优惠金额标示在产品包装或价格标签上。如：在价格标签上标示"原价280元，优惠价180元"。

4）退款优惠。指顾客在购买商品后，凭借指定的"购物证明"可得到信息产品制造商提供的、按照约定的折让给予的现金返还。

5）以旧换新。指顾客在购买商品时，交出同类产品的废旧品，便可享受一定价格折扣的优惠。以旧换新通常有两种做法：一是新旧商品的品牌要求相同；二是新旧商品只要求类属相同，品牌可以不同。

（2）以赠送为核心的营业推广

赠送，是指信息技术企业为影响消费者的行为，通过馈赠或派送便宜的商品或免费品，来介绍产品的性能、特点和功效，建立与消费者之间友好感情联系的一种营业推广方式。以赠送为核心的营业推广关键在于赠送品的吸引力及赠送时机的选择。以赠送为核心的营业推广主要包括：

1）赠品。指在消费者购买某种商品后，免费或以较低的价格向顾客提供的商品。赠品可以是商品本身，也可以是与商品无直接关系的纪念品。

2）赠券。指当消费者购买某一商品时，企业给予一定数量的交易赠券，消费者将赠券积累到一定数量时，可到指定地点换取赠品。

3）样品。样品是介绍新产品最有效的方法之一。样品，是指在新产品导入期，通过向消费者免费提供样品供其试用，使之亲身体验产品所带来的利益，而后促使消费者购买的促销活动。

（3）以奖励为核心的营业推广

奖励，是信息技术企业为激励消费者的购买行为而提供的现金、实物、荣誉称号或旅游券等奖励方式。以奖励为核心的营业推广关键在于创造浓厚的参与氛围，使顾客乐于参与。以奖励为核心的营业推广主要包括：

1）竞赛。指由企业制定竞赛规程，让消费者按竞赛要求参与活动并获得预定的现金、实物、荣誉称号或旅游奖券等奖项。竞赛的内容一般要求与企业的自身特征或产品相关。

2）抽（摇）奖。指顾客进行消费时，为其提供一个获奖的机会，获奖者可以由抽取票号来确定，也可以由摇转数码来确定。中奖者可获得丰厚的奖金或免费旅游机会。

3）猜奖。指让消费者猜测某一结果，猜中者给予奖励。采用猜奖方式，在设定奖项时要作充分的准备，以防消费者中奖后却得不到企业承诺的奖励品。

4）现场兑奖。指消费者根据消费额的多少领取奖票，现场刮号或揭底，中奖者可现场得奖。现场兑奖通常需要将具有较强吸引力的奖品展示在销售现场，形成强烈的现场刺激，营造旺盛的人气。

（4）以展示为核心的营业推广

展示，是指让商品直接面对消费者，使商品与消费者进行心灵对话的直观性促销方式。采用该方式，要求企业产品的质量必须绝对过硬，经得起消费者力求完美细致入微的挑剔，并力求外形美观、包装精致、质感精良。以展示为核心的营业推广主要包括：

1）组织展览：指企业将一些能显示企业优势和特征的产品集中陈列，边展边销。

2）售点陈列：指在超级市场、百货商场、连锁店、杂货店等零售店的橱窗里、过道、货架、柜台以及天花板上，设置的以消费者为对象的彩旗、海报、招牌等陈列。

3）现场示范：指销售人员在现场对产品的用途与功能进行实际地演示和解说，以吸引消费者注意，消除消费者对产品的疑虑。

案例 9-3　第五届进博会：新时代，共享未来

2022年11月，第五届中国国际进口博览会（简称"进博会"）开幕式在国家会展中心（上海）举行。中国共产党第二十次全国代表大会强调，中国坚持对外开放的基本国策，坚定奉行互利共赢的开放战略，坚持经济全球化正确方向，增强国内国际两个市场两种资源联动效应，不断以中国新发展为世界提供新机遇，推动建设开放型世界经济。

进博会是全球首个以进口为主题的国家级展会，是世界贸易史上的一大创举。第五届进博会是党的二十大后我国举办的首场重大国际展会。本届进博会共有145个国家、地区和国际组织参展，来自127个国家和地区的2800多家企业参加企业商业展，展示438项代表性首发新产品、新技术、新服务，超过上届水平。

本届进博会，企业商业展共有284家世界500强和行业龙头企业参展，数量超过上届，回头率近90%，高于上届水平。首次搭建的数字进博平台吸引了368家技术装备企业线上参展，组织直播或转播活动64场，浏览量达60万次。本届进博会按一年计意向成交金额735.2亿美元，比上届增长3.9%。

作为进博会重要组成部分，国家展不断创新展览展示方式，吸引世界各国广泛参与。本届线上国家展共有69个国家和国际组织亮相全新打造的数字展厅，各参展方借助沉浸式展示方式，全面展现其科技创新、文化艺术、投资环境等领域精彩内容，累计访问量5900万次，超过上届。

进博会已经成为我国构建新发展格局的窗口、推动高水平开放的平台、全球共享的国际公共产品。

2. 针对中间商的营业推广

1）批发回扣：指企业为争取中间商多购进产品，在某一时期内给予购买一定数量本企业产品的中间商以一定的回扣。

2）销售竞赛：指企业通过设立销售奖金，奖励购买数额领先或比例增加最大的中间商，以提高中间商的销售积极性。

3）推广津贴：指企业为促使中间商购进本企业产品并帮助企业推销产品，支付给中间商一定的推广方面的补贴。

4）零售补贴：指信息技术企业降低产品零售价后，为了弥补零售商的损失，而在给零售商的供货价上实行价格补贴，维持降价前零售商的利润。

无条件补贴：企业对零售商进行补贴而不对零售商提出任何要求，包括购买补贴、免费附赠补贴、延期付款等。

有条件补贴：带有附加条件的补贴，包括返点补贴、广告补贴、集中展示补贴等。

3. 针对销售人员的营业推广

1）销售竞赛：指在推销员中发动销售比赛，对销售额领先的推销员给予奖励，以此调动推销员的积极性。

2）销售红利：指事先规定推销员的销售指标，对超过指标的推销员提成一定比例的红利，以鼓励推销员多推销商品。

3）销售回扣：指从销售额中提取一定比例作为推销员推销商品的奖励或酬劳。

9.4.3 信息产品营业推广控制

1）激励规模。一般来说，一定量的激励规模才能使营业推广活动一开始就引起足够的注意，但超过一定水准时，较大的激励规模将以递减率的形式增加销售反应。最佳的激励规模要依据费用最低、效率最高的原则来确定。

2）激励对象。营业推广的激励对象是企业的潜在顾客，且必须是与企业的利益无关的人员。企业必须严格限制本企业的职工或其家属成为营业推广的对象。

3）激励力度。激励力度，是指营业推广为消费者和中间商提供的刺激力度。激励力度太小，难以引发顾客的购买行为；力度太大，企业的财力承载能力有限。因此，企业事先应确定一个适宜的激励力度。

4）送达方式。送达方式是指企业通过什么方式让激励对象来参与活动。企业应根据激励对象以及每一种激励方式的成本和效率来选择送达方式。

5）活动期限。活动期限是指营业推广活动所经历的时间。企业必须事先规定一定期限，不宜过长或过短。具体应综合考虑产品的特点、消费者购买习惯、促销目标、竞争者策略等因素。

6）时机选择。一般来说，营业推广时机的选择，应根据消费需求的特点，结合企业的总的市场营销战略来决定。日程的安排应注意与生产、分销、促销的时机和日程协调一致。

7）预算及其分配。营业推广活动是一项较大的支出，事先必须进行筹划预算，做好各项开支的分配。

8）营业推广效果评估。营业推广活动结束后，企业必须做好营业推广效果的评估，为以后活动的开展提供经验与参考。

9.5 信息产品公共关系策略

9.5.1 信息产品公共关系概述

1. 公共关系的内涵

公共关系，是指信息企业利用各种传播手段，有意识地与内外公众进行信息的双向交流，塑造良好的企业形象，建立稳定融洽的顾客关系，以有效促进营销目标实现的活动。

1）以公众为对象。公共关系的沟通对象就是公众，包括社会公众和企业员工。公共关系就是要维护好企业与公众之间的相互合作、相互促进、共同发展的关系。

2）以美誉为目标。公共关系是一门"内求团结，外求发展"的经营管理艺术，它通过建立和维护各种关系，建立和保持与公众的良好沟通，赢得公众的理解、信任和支持，对内形成强大的凝聚力，对外形成强大的吸引力，从而塑造企业良好的形象，提高企业的美誉度。

3）以真诚为本。公共关系活动的开展必须贯彻真诚原则，企业只有真诚坦白才能赢得社会公众的信任合作，才能实现与社会公众的双向沟通，维持和巩固企业形象。

4）以沟通为手段。公共关系的本质就是企业与其相关公众之间的有效信息沟通。沟通是形成和发展企业与公众关系的桥梁。

5）以长远为方针。公众对企业的认识与评价是在长期的沟通中逐渐形成的。公共关系应着眼于企业的长远利益，不计一时得失，更要着眼于平时的努力，通过平时点点滴滴的执着的为社会公众谋利益的工作，逐渐建立起企业的良好形象。

6）以互惠为原则。公共关系必须坚持互利互惠原则。企业与其相关公众都有各自的利益，企业只有在满足社会公众利益的基础上实现企业的利益，才能促进企业与社会公众的关系得以长期、稳定、健康发展。

2. 公共关系的特征

1）可信度高。公共关系活动的开展，不是直接宣传企业产品和服务，它更多的是维护社会公众的利益，因此，在顾客心目中其可信度很高。

2）影响面广。公共关系活动的对象是广大的社会公众，因此，公共关系的覆盖面较广、影响力较大。

3）影响持久。公共关系活动的宣传，在于塑造企业良好的形象，提高企业的美誉度。良好的公共关系环境，将使企业获得持久的生命力。

4）促销效果好。消费者对广告或人员推销经常是不予理睬或反感的，但对维护社会公众利益的公共关系活动是不会有反感的，在心理上不必担心上当受骗。因此，其促销效果显著。

9.5.2 信息产品公共关系目标、手段与策略

1. 信息产品公共关系的目标

1）建立产品的知名度。公共关系通过有意识地制造一些公关事件，以吸引人们对某产品、服务、人员、组织或创意的注意。

2）树立企业的可信度。公共关系通过塑造企业良好的口碑，提高企业的信誉和美誉，从而增加企业的可信度。

3）刺激销售队伍和分销商。公共关系运用得当，可以有效地把产品推向终端市场，从而能极大地激励销售队伍和分销商的销售热情。

4）创造和维持忠诚顾客。公共关系能有效地维护企业与公众的长期稳定关系，维护与顾客的关系，从而有效地创造和维持忠诚顾客。

5）问题解决与危机公关。问题解决，是指企业公关部门对可能会给企业带来潜在有利或不利影响的宏观或微观环境的作用因素进行分析、评估和预测，并制定相应的应对方案；危机处理，是指企业公关部门面临突发事件和不利影响时，采取灵活有效的对策，化解危机。

2. 信息产品公共关系手段

信息产品公共关系决策的内容主要包括确定公关目标、选择公关信息和载体、实施公关计划和评估公关效果等。其中公关手段（载体）的选择包括：

1）公开出版物：包括年度报告、文章、杂志、企业商业信件、录像、录音等。

2）事件：包括记者招待会、郊游、展览会、竞赛、周年庆祝活动、研讨会等。研讨会是一种特别适用于信息产品的有教育性质的公关工具。一次研讨会可以清楚地阐明一项新技术到底是什么，并全面地展示其功能。研讨会应将注意力集中于消费者而不是产品本身，因为其目标是为了打消消费者对创新产品的反抗，并提供所有必要的说明。

3）新闻：指发展或创造对企业、产品或公司员工有利的新闻。

4）演讲：指企业的各级领导人员或新闻发言人在企业外部或内部所做的富有

影响力的谈话、演说。

5）公司参观：指信息技术企业组织企业现有的或潜在的客户到公司参观，使客户和公众对公司设施设备有所了解，提高公众对企业的认识，树立企业良好的形象。公司参观是信息技术企业开展公共关系的一种经济有效的方法。

6）公共服务活动：指企业通过某些公益事业向社会组织或个人捐赠一定的金钱，提供一定的服务，以提高企业的公众信誉，树立良好的形象。

案例 9-4　京东坚守正道成功，以为社会创造价值为己任

京东坚守"正道成功"的价值取向，坚定地践行用合法方式获得商业成功；以合规作为立身之本，让"合规即发展"的理念深深地融入企业的各项业务中。自创立之初，京东就秉持诚信经营的核心理念，坚守正品行货，成为中国备受消费者信赖的企业；京东坚定"客户为先"的服务理念，大力发展自建物流，打造极致消费体验，成为全球领先的新标杆。

与此同时，京东不忘初心，积极履行企业社会责任，在助力实体经济高质量发展、促进高质量就业、带动高质量消费、推动乡村振兴、提升社会效率、推动供给侧结构性改革等方面不断为社会做出贡献。

2016年起，京东全面推进落实电商精准扶贫工作，通过品牌打造、自营直采、地方特产、众筹扶贫等模式，在全国各地贫困地区开展扶贫工作，上线贫困地区商品超过300万种；积极投身乡村振兴，京东全面启动"奔富计划"，并于2020年10月发布"三年带动农村一万亿产值成长"的目标。截至2022年10月底，已带动农村实现产值超过7000亿元，同时在全国打造多个"奔富村"，帮助数百万农户大幅增收。依托强大的物流基础设施网络和供应链整合能力，京东大幅提升了行业运营效率，降低了社会成本。通过打造高质量消费，京东以商品和服务为抓手、以技术创新为依托，带动实体经济数字化转型，促进产业和消费"双升级"，进一步助力供给侧结构性改革，推动实体经济高质量发展。京东持续促进高质量就业，不仅努力为每一位员工提供施展才干和实现梦想的舞台，还努力成为让所有员工有归属感、幸福感的企业。截至2022年底，京东体系员工总数超过55万人。京东为员工尤其是一线员工提供有竞争力的薪酬，2022年京东物流一线员工薪酬福利支出达446亿元，近三年累计支出1065亿元，为他们提供"五险一金"。同时为快递小哥、客服在内所有员工设立百亿"住房保障基金"，为其提供购房无息贷款，并大幅扩充"员工子女救助基金"的规模，为数十万家庭提供坚实的生活保障。

二十年来，京东始终坚持"以实助实"，凭借扎实的基础设施、高效的数智化社会供应链、创新的技术服务能力，在保持自身健康发展的同时，一直努力为用户提供极致消费体验、帮助合作伙伴高质量增长、为社会创造更多价值。

3. 信息产品公共关系策略

1）宣传性公关策略：指通过各种大众传播媒介，向广大公众特别是顾客，传播有关企业发展、服务社会、产品创新等信息，以控制舆论、树立形象。

2）交际性公关策略：指通过开展各种社会交际活动，如举办各种联谊会，建立与顾客亲和融洽、长期稳定的关系。

3）服务性公关策略：指向社会与顾客提供各种服务，使顾客获得实实在在的利益，以取悦公众与顾客，促进营销目标的实现。

4）社会性公关策略：指企业通过积极参与社会公益事业，为社区发展做贡献等形式，扩大企业影响，树立企业形象，以有利于企业市场营销目标的实现。

5）征询性公关策略：指企业通过民意调查、征求用户意见、开展消费咨询等方式，扩大影响，促进销售。

9.5.3 信息产品危机公关

信息产品危机公关，是指当信息技术企业遭遇突发事件或重大事故，其正常生产经营活动受到影响，特别是原有的良好企业形象受到破坏时，如何从公共关系的角度来应对和处理，以使企业以尽可能低的成本渡过经营危机的公关活动。

1. 危机公关的基本原则

1）诚信原则。信息企业面对突发的公关危机，赢得社会公众的理解与同情的最有效手段是通过有效的沟通向公众传递企业的善意、诚信和责任心，让公众感觉到即使企业在最困难的时候，他们的利益仍然是企业关注的根本。

2）责任原则。对公关危机事件所造成的损失和伤害，企业要勇于承担责任，并尽力争取公众和当事人的原谅。树立负责任和坦诚面对事实的态度，通过负责任地坦诚面对消费者，使用一切可利用的手段来加强与消费者的沟通，才能获得消费者的理解和宽容。

2. 危机公关活动开展

（1）切实做好危机初期的公关工作

在危机发生后的 24 小时内，信息企业必须成立由企业多个相关部门组成的公关危机管理机构（公关危机控制小组），各部门各司其职，各负其责，尽快拿出应对措施，以防危机扩大化。

（2）坚持企业形象高于成本的思想

在危机处理过程中，信息企业通常需要付出高额的资金成本，企业近期的效益将受到严重损害，但企业一定要有长远眼光，放弃眼前利益，坚持形象高于成本的原则，维护企业良好的公众形象。

（3）努力做好企业内部公关

1）做好企业员工的公关。员工是信息企业危机公关的重要对象，员工的理解与配合是企业顺利渡过危机的重要条件。危机发生后，企业必须及时召开员工大会，告知员工危机事件的经过、企业解决危机的对策，以统一认识、稳定情绪，争取员工的理解、配合与支持。

2）做好企业股东的公关。股东是信息企业公关的内部对象，作为投资者，股东追求投资回报的最大化。一旦企业经营遭遇风险致使投资收益前景不妙，股东投资的信心就会动摇，严重时可能会撤资。因此，危机发生后，企业应做好股东的公关，说服投资人，增强其对公司的投资信心。

（4）切实做好企业外部公关

1）做好消费者的公关。消费者是信息企业的衣食父母。如果危机的发生对消费者利益有产生影响，企业必须要勇于承担责任，承诺企业不惜一切代价保护消费者的利益，争取消费者和社会公众的理解。

2）做好分销商的公关。信息企业与分销商之间是一种既竞争又合作的关系，企业只有以诚待之，才能赢得分销商的合作。危机发生后，企业应及时联系分销商说明情况，并向分销商承诺，给分销商造成的损失，企业将承担弥补责任，以争取分销商的支持与忠诚。

3）做好政府部门的公关。政府是企业依法竞争的监督者，企业必须不折不扣地执行政府的命令，从而在政府和公众面前展示企业守法经营的良好形象。

4）做好媒体的公关。信息企业在危机事件处理过程中必须以一种坦诚而理性的态度处理与媒体的关系，不遮掩、不回避，立即举行媒体沟通会，表明企业立场，努力揭开危机事件的真相，用事实说话，用权威的检测报告说话。

知识训练

一、填空题

1. 具有一定导向的促销策略可以引导消费者去认识商品、购买商品和使用商品。信息产品促销策略的导向包括_____、_____、创新导向、竞争导向。

2. 推销产品，是信息产品人员推销的基本任务。信息产品推销人员的素质要求包括富有责任感的职业道德、_____、_____、乐观自信的个性和亲和力。

3. 广告主题，是指广告将对消费者产生的预期认识、情感和行为反应。信息产品的广告主题包括_____、_____、道德主题。

4. 针对消费者的营业推广方式有很多，根据营业推广方式涉及的不同主题，可以将它们概括为以_____、_____、奖励和展示为核心的四个主题群。

5. 公共关系是一门"_____，_____"的经营管理艺术，它通过建立和维护各种关系，建立和保持与公众的良好沟通，赢得公众的理解、信任和支持，对内形成强大的凝聚力，对外形成强大的吸引力，从而塑造企业良好的形象，提高企业的美誉度。

二、判断题

1. 促销的本质是信息的传播与沟通，即通过向消费者传递企业及其产品的相关信息，影响他们接受企业及其产品，以便直接或间接地促进产品的销售。（　　）

2. 信息产品促销是一种知识营销。知识营销要求信息技术企业的营销人员专家化，使用训练有素的技术人员代替传统的推销队伍。（　　）

3. 信息产品营业推广，是指所有旨在长期刺激消费者冲动性购买，促成中间商与厂家达成交易及促进推销工作的常规性的优惠性促销活动。（　　）

4. 上门推销是指由营业员接待进入商店的顾客，向顾客介绍信息产品，回答询问，促成交易的推销方式。（　　）

5. 公共关系应着眼于企业的当前利益，着眼于平时的努力，通过平时点点滴滴的执着的为社会公众谋利益的工作，逐渐建立起企业的良好形象。（　　）

三、选择题

1. 由推销专家或有丰富销售经验的推销人员采取讲授的形式将知识传授给受训人员的培训方法，是指（　　）。

  A. 课堂培训 B. 会议培训 C. 模拟培训 D. 实地培训

2. 对做出优异成绩的推销人员给予表扬、颁发奖状、授予称号等，以此来激励推销人员的上进心和积极性的激励方式，是指（　　）。

  A. 环境激励 B. 目标激励 C. 物质激励 D. 精神激励

3. 一般来说，以价格为核心的营业推广，其优惠的幅度在（　　）左右，比较容易吸引顾客。

  A. 5%～10% B. 15%～20% C. 35%～40% D. 45%～50%

4. 公共关系通过有意识地制造一些公关事件，以吸引人们对某产品、服务、人员、组织或创意的注意，这体现了公共关系（　　）的目标。

  A. 树立企业的可信度   B. 刺激销售队伍和分销商
  C. 建立产品的知晓度   D. 创造和维持忠诚顾客

5. 企业通过积极参与社会公益事业，为社区发展做贡献等形式，扩大企业影响，树立企业形象，以有利于企业市场营销目标实现的公共关系策略，称为（　　）。

A. 宣传性公关策略　　　　　　B. 交际性公关策略
C. 服务性公关策略　　　　　　D. 社会性公关策略

技能训练

信息产品促销方案策划

● 案例背景

广东联华计算机有限公司经过调查发现，寒暑假是学生购买计算机的旺季，尤其是暑假。为了能有效地促进孩子的学习，多数家长都愿意为孩子购买计算机。为有效配合国家信息化下乡的行动，联华公司决定在今年的暑假在广东的农村开展一次全面的促销活动。

活动主题：联华计算机、快乐学习！

活动时间：7 月 15 日～ 8 月 15 日

活动对象：农村的大中学生

试根据以上背景资料，为联华公司策划一份暑期计算机促销方案。

● 目的要求

1）能认识并实现组织分工与团队合作；

2）能撰写出符合格式要求的信息产品促销方案；

3）能整理总结出信息产品促销方案策划课题分析报告；

4）能清晰地口头表达出信息产品促销方案策划实训心得。

● 训练指导

1）组建实训课题小组：将教学班学生按每小组 6～8 人的标准划分成若干课题小组，每个小组指定或推选出一名小组长。

2）确定实训小组课题：每个小组根据信息产品促销方案策划背景资料的要求，完成一份信息产品促销方案的策划。

3）实施策划课题研究：各小组长根据信息产品促销方案策划的计划，调配资源，明确各组员的任务，并督促大家有效地完成任务，包括信息产品促销方案的草拟、修改和定稿，信息产品促销方案策划课题分析报告的撰写、打印，以及小组的发言等。

4）撰写实训课题报告：每个小组完成一份信息产品促销方案策划的课题分析报告。

5）陈述策划实训心得：由各个小组推荐的发言人或小组长代表本小组陈述本小组实训课题分析报告和实训心得。

第10章 信息产品服务策略

学习目标

1. 知识目标

（1）能叙述和理解信息产品服务的含义和特征。
（2）能熟记和掌握顾客满意与顾客忠诚的含义与类型。
（3）能列举和叙述信息产品服务质量差距的要素。
（4）能列举信息产品服务质量差距分析与改进方法。
（5）能叙述和理解信息企业合作营销的含义和途径。
（6）能叙述和熟记信息产品口碑营销的要素与方法。
（7）能熟记和应用信息产品体验营销的方法与模式。
（8）能列举和运用信息企业客户服务管理的内容和方法。

2. 能力目标

（1）能综合运用本章知识剖析现实案例。
（2）能依据案例背景撰写信息产品三包协议书。
（3）能撰写信息产品三包协议书技能训练报告。

3. 素质目标

树立服务意识，切实为顾客着想，竭诚为顾客服务。

重点难点

1. 服务质量差距。
2. 顾客满意与忠诚。
3. 合作营销。
4. 口碑营销。
5. 客户投诉处理。

情智故事

郑鹏——奋斗者正青春，倾情服务暖人心

"全国向上向善好青年""全国民航五一劳动奖章""北京榜样"……从一名安检员成长为首都机场安保公司大兴机场分公司通道管理科科长，郑鹏的荣誉不少，而他却始终把"平凡"挂在嘴上："我就是一个平凡人，只想在平凡岗位上努力奋斗，为社会做出更多贡献。"

首都机场被称为"中国第一国门"，郑鹏就是保卫国门安全的"守门人"之一。在首都机场3号航站楼，安检口高峰期能达到每天5万人次。最忙时上班十几个小时，吃不上饭，喝不了水。但只要在岗位上，郑鹏就只想着怎么把工作做好，守护每名旅客的出行安全。

2019年，郑鹏被调往北京大兴国际机场，任职行李检查科副科长，他主动挑起更重的担子。那时，大兴机场还在建设中，为落实安检通道建设和运行筹备工作，他每天跑工地，从头到脚都是灰。给安检通道做压力测试，要24小时连轴转，他累了就躺在纸箱壳子上面睡。

安检工作直接与旅客打交道，既讲安全，也讲究服务。郑鹏以"想旅客所想，急旅客所急"的标准来要求自己。

有一次，在机场单向控制港出口，他看见一名旅客焦急地找到安检员："我的电脑丢在里面的卫生间了，资料特别重要，能让我进去找吗？"按规定，单向控制港不能折返，而正常走失物招领程序，则需要1个多小时。

"旅客急得满头大汗，关键是卫生间属于监控死角，得尽快帮她找到。"当机立断，郑鹏安排安检员专程去找，7分钟内就将电脑送到旅客面前。

帮小孩找家人、帮旅客找身份证、帮老人找回钱包……像这样的事，郑鹏和同事们还做了很多。办公室里挂满了20多面群众送来的锦旗。

2020年，突如其来的新冠肺炎疫情对机场安检提出更高要求。疫情防控中，郑鹏带着党员突击队冲锋在前，穿上厚重的防护服直面风险，负责迎接境外到港转运旅客。"我们干了3个多月，每天都浑身湿透。"郑鹏说。

担任通道管理科科长后，郑鹏严把机场防疫关，同时花更多精力改善人性化服务，比如为老人、小孩开辟无健康码绿色通道，为外籍旅客发放英文引导手册等。一年多来，他们服务出港旅客1620万人次、进港旅客113万人次，实现旅客零投诉。

这就是坚守平凡岗位的郑鹏，以敬业、热情、实干、创新，干出了不平凡的业绩。

情智点评：郑鹏同志以"想旅客所想，急旅客所急"的标准严格要求自己，坚守人性化服务，倾情服务万千旅客，守护着每名旅客的出行安全，在平凡岗位干出了不平凡的业绩。这是信息产品营销人员应有的品质，在信息产品营销工作中必须保持这种服务态度，切实为顾客着想，为顾客提供更多的满意服务，这样才能得到顾客认可，从而实现营销目标。

10.1　信息产品服务营销

信息技术的发明、推广和应用，使得信息产品的高技术含量和附加值增多了，消费者对产品的理解、认识、购买、使用和感受更依赖于企业提供的高质量、全方位的服务，因此可以说，信息产品的竞争，归根到底是信息产品服务的竞争。

10.1.1　信息产品服务概述

1. 服务的特点

服务，是指一方能够向另一方提供的基本上是无形的任何行为或绩效，并且不导致任何所有权的产生。它的生产可能与某种物质产品相联系，也可能毫无联系。服务不同于实体产品，其特点主要有：

1）无形性。服务的性质及组成元素很多时候都是无形无质的，让人不能触摸或凭肉眼看得见其存在。同时，享用服务后所得到的利益也是很难被察觉或是要在一段时间后才能被感觉到。

2）不可分割性。服务的提供与其消费对象紧密相连，不可分离，即营销服务的生产过程与消费过程是同时同地进行，营销服务人员提供营销服务的同时，也就是消费者消费营销服务之时。

3）可变性。服务的构成成分及其质量水平经常变化，很难统一界定。营销服务是以人为中心的产业。由于人的个性的存在，使得对营销服务质量的检验很难采用统一的标准，即其标准化和统一化程度是很低的。

4）不可储存性。服务的无形性以及服务的生产与消费的同时进行，使服务不可能像有形产品那样被储存起来。

2. 服务的内容

信息产品营销服务是信息产品营销中的重要环节。信息产品营销服务能保证信息产品的正确使用，降低不正确使用的风险性；又能收集用户对企业产品的反馈意见，增加企业对目标顾客群的了解，从而及时对产品进行改进和革新。信息产品营销服务的内容包括：

1）售前服务，指在产品销售前给顾客提供的服务，主要表现为帮助顾客准确制订需求计划，购买合适的信息产品。具体包括广告服务、咨询服务、消费信贷服务、精心布置购物环境、合理安排营业时间等。

2）售中服务，指在销售产品过程中给顾客提供的服务，表现为帮助顾客正确选购信息产品。具体包括良好态度接待顾客、热情周到介绍产品、现场操作示范、耐心解答顾客疑难、商品包装服务、送货服务等。

3）售后服务，指在产品售出后给顾客提供的服务，主要表现为帮助顾客解决其使用过程中存在的问题。具体包括安装调试服务、为顾客提供专门培训、产品维护维修服务、退货换货服务、电话回访和人员回访、建立顾客档案、妥善处理顾客投诉等。

 案例 10-1　小米手机及平板产品的退货服务

小米手机、平板产品售后政策严格执行国家三包法，遵守行业准则，并充分尊重消费者权益，为消费者提供全方位服务保障，对国家规定或者与消费者约定 7 日内保退、15 日内保换、一年内保修的产品，小米将根据国家规定提供相应的售后服务。

1. 自营线上渠道购买——小米商城、天猫旗舰店等

1）7 日无理由退货：自产品妥投次日起 7 日内，产品完好，无损坏，包装配件齐全情况下可以选择无理由退货。

2）7 日质量问题退货：自产品妥投次日起 7 日内，如产品出现功能性故障或质量问题，经小米公司授权服务网点检测，确认属于非人为产品质量问题，可以选择 7 日质量问题退货。

2. 自营线下渠道购买——小米之家

1）7 日无理由退货：自产品妥投次日起 7 日内，产品完好，无损坏，整机包装未拆封条件下可以选择无理由退货。

2）7 日质量问题退货：自产品妥投次日起 7 日内，如产品出现功能性故障或质量问题，经小米公司授权服务网点检测，确认属于非人为产品质量问题，可以选择 7 日质量问题退货。

3. 服务的作用

（1）提高顾客的满意度

顾客满意，是指一个人对一种产品感知到的效果与他的期望值比较后，所形

成的愉悦或失望的感觉状态。期望值，主要基于顾客过去的购买经验、朋友和伙伴的种种言论以及营销者的承诺。如果效果低于期望值，顾客就不会满意；如果效果和期望值相当，顾客就满意；如果效果高于期望值，顾客就会高度满意或欣喜。

顾客满意，考虑问题的起点是顾客，它要建立的是企业形象，是企业为顾客服务，使顾客感到满意的系统。企业实施顾客满意的营销战略，主要包括开发顾客满意的产品、提供顾客满意的服务、进行顾客满意观念的教育、建立顾客满意分析方法体系。

（2）提高顾客的忠诚度

顾客忠诚，是顾客满意的行为化，是指顾客对某一企业、某一品牌的产品或服务的认同与信赖。顾客忠诚是顾客满意的不断强化的结果，是顾客在理性分析基础上的肯定、认同和信赖。

1）顾客忠诚的层次。

① 认知忠诚：指基于产品或服务满足了顾客的个性化需求而形成的忠诚。

② 情感忠诚：指基于使用产品或服务获得持久满意而形成的对该产品或服务的忠诚。

③ 行为忠诚：指基于企业提供的产品或服务成为顾客不可或缺的需要和享受而形成的忠诚，表现为长期关系的维持和重复购买，对企业产品的重点关注。

2）顾客忠诚的衡量。

① 客户重复购买率。考核期间，客户对某企业或某品牌或某一产品重复购买的次数越多，说明他对这企业或品牌或产品的忠诚度越高。

② 客户对企业产品和品牌的关心程度。一般来说，对企业的产品或品牌予以关注的程度越高，表明其忠诚度越高。

③ 客户需求满足率。客户需求满足率，是指一定时间内客户购买某产品的数量占其对该类产品或服务全部需求的比例。这个比例越高，表明客户的忠诚度越高。

④ 客户对产品价格的敏感程度。客户对产品价格的敏感程度越低，表明其忠诚度越高。

⑤ 客户对竞争产品的态度。客户对竞争者产品表现出越来越多的偏好，表明其忠诚度下降。

⑥ 客户对企业产品的认同度。如果客户经常向身边的人推荐企业产品，或在间接的评价中表示认同，则表明其忠诚度较高。

⑦ 客户购买时的挑选时间。客户在挑选产品的时候，时间越短，其忠诚度越高。

⑧ 客户对产品质量事故的承受力。客户忠诚度越高，对出现的质量事故也就越宽容。

> **案例 10-2**　中国移动打造"心级服务"，全力做优客户体验
>
> 2021 年，中国移动发布"心级服务"客户服务品牌，将"以卓越品质赢得客户信赖"作为品牌愿景。中国移动坚持践行"客户为根、服务为本"理念，大力构建全方位、全过程、全员的"三全"服务体系，积极探索数字化服务新模式，持续深入锻造优质服务，为客户创造价值。
>
> 1. 全方位的服务能力
>
> 建立了客户感知的关键衡量指标，并面向公司各职能板块、运营主体，按照"责任主体全覆盖，业务领域全覆盖"的原则，实现服务质量责任横纵向可量化、可衡量、可分解。通过"做得好不好、客户说了算"这样的机制，推动对服务工作上下同心、齐抓共管，全方位提升服务能力。如："满意度提升行动"聚焦移动上网、宽带上网、重点产品、服务触点等方面问题；"削峰行动"聚焦投诉焦难点问题治理；"阳光行动"聚焦维护客户权益，建立长效机制。
>
> 2. 全过程的质量管理
>
> 中国移动建立了覆盖全过程、贯穿端到端的服务质量管理模式与作业流程：在"售前"阶段，制定服务的标准、规范，将影响客户体验感知的问题写入服务标准，嵌入到业务中；在"售中"阶段，开展覆盖全业务品类、全触点、全客群的满意度测评，并每月面向近 2 亿用户征集意见和建议；在"售后"阶段，强化投诉管理及运营，打造高效便捷的客户响应体系。
>
> 3. 全员的服务文化
>
> 中国移动用品牌和文化凝聚全员共识，让"客户为根、服务为本"成为人人信奉的行动指南。以"心级服务"主题为统领建立了常态化机制，组织开展了总经理接待日、全员站店、倾听投诉声音、总经理抓服务、以客户为中心大讨论、服务面对面等多个特色服务文化活动。

10.1.2　信息产品服务质量

1. 服务质量构成要素

服务质量，是指信息企业的服务工作能够满足顾客需求的能力或指服务实绩符合顾客期望的程度。服务质量，一般来说是一个主观范畴，它取决于顾客把感

受的服务与预期的服务（由过去的感受、口碑和服务企业的广告所形成的）进行比较。服务质量的构成要素包括：

1）可靠性：可靠地、准确地履行服务承诺的能力。
2）响应性：帮助顾客并迅速提供服务的意愿。
3）保证性：营销人员所具有的知识、礼节以及表达出自信与可信的能力。
4）移情性：让顾客感受到企业给予他们的照顾与关注。
5）有形性：有形的设施、设备、人员和沟通材料的外表。

2．服务质量差距的表现

服务质量差距，是指顾客感受的服务质量与其期望的服务质量的差距。服务质量差距的表现为：

1）顾客的期望与管理者对顾客的期望的认知之间的差距。

企业的管理者并非总能理解顾客需要什么样的服务、什么样的服务水平是必要的以及顾客期望企业以什么样的途径提供服务等，这就产生了顾客的期望与管理对顾客期望的认知之间的差距。

2）管理者对顾客期望的认知与服务质量标准之间的差距。

由于资源有限、短期行为、管理失当等因素的影响，使管理者对顾客期望的认知无法充分落实到所制定的具体的服务质量标准上，从而引起管理者对顾客期望的认知和服务质量标准之间的差距。

3）服务质量标准与实施传递服务之间的差距。

在企业职员向顾客传递服务时，他所遵循的服务质量标准并不能完全体现在他所实际提供的服务上，由此产生了服务质量标准与实际传递服务的差距。

4）实际传递服务与顾客感受之间的差距。

顾客感受到的服务与营销人员实际提供的服务并不等同，这是因为顾客的感受受事先对服务所抱有的期望的影响，而顾客期望的形成与企业的广告宣传等外部沟通关系密切。由此引起了实际传递服务与顾客感受之间的差距。

5）顾客期望与实际获得服务之间的差距。

服务质量的高低取决于服务传达过程中自然产生的以上四种差距，这四种差距在服务传递过程中渐次产生并逐渐累加，最终体现在顾客期望与实际获得服务的差距，也就是服务质量的高低。

3．服务质量的改进方法

1）标准跟进：即指向竞争者学习，是指企业将自己的产品、服务和市场营销过程等同市场上的竞争对手，尤其是最强的竞争对手的标准相比较，在比较和检验的过程中寻找自己的差距，从而提高自身服务的水平。

2）蓝图技巧：蓝图，也称服务蓝图，是指详细描绘企业服务过程和服务系统的图片或示意图。蓝图技巧是指企业借助流程图的方法分析服务流程的各个方面，鉴别顾客同服务人员的接触点，并从这些接触点出发来改进企业服务质量的方法。

另外，控制售后服务质量的最佳途径是在产品开发阶段就简化售后服务。设计出的新产品应模块化和标准化，既不过于复杂也不简单，以便最大程度减少售后服务的困难。如：在信息产品开发时，通过模块设计，生产出模块化、标准化的产品，此时，售后服务人员就可以不必再对某个电路进行维修，而只需将故障集成块更换即可，这样将极大地提高售后服务的效率与质量水平。

10.1.3　信息企业合作营销

合作营销，是指信息技术企业之间通过建立长期稳定的合作关系，从而达到共同提高其收益，扩大市场占有率等营销目标的营销活动。

信息技术企业的合作主要包括有与供应商合作、与分销商合作和与竞争者合作等。

1. 与供应商合作

信息技术企业与供应商之间密切合作，充分交流产品开发、质量等方面的信息，将更有利于双方营销目标的实现。要与供应商建立长期稳定的合作关系，企业应给予供应商合理的利润，以使供应商在产品设计、开发和制造等方面给予相当的支持与合作。

2. 与分销商合作

不同的分销商往往在产品特点、促销、交货方式、发货数量、商品陈列等方面，因商业习惯的不同而对信息技术企业提出不同的要求。为了适应不同分销商的要求，企业不能再用一种固有的业务模式去与不同的分销商打交道，而必须按照不同分销商的具体特点和要求制定具体的营销对策。

3. 与竞争者合作

信息技术企业与竞争对手之间不仅存在着竞争，也存在着合作的可能性。当然，二者之间的竞争关系是主要的，但有时通过加强合作更有利于企业营销目标的实现，如合作开发新技术、新产品，合作开发新市场等。

10.2 信息产品口碑营销

10.2.1 口碑营销的基本要素

口碑营销是指企业在调查市场需求的情况下，为消费者提供需要的信息产品和服务，同时制定一定的口碑推广计划，让消费者自动传播企业产品和服务的良好评价，从而让人们通过口碑了解产品，树立品牌，加强市场认知度，最终达到企业销售产品和提供服务的目的。口碑营销的基本要素一般包括以下三个。

微课09
口碑营销的基本要素

1．产品与服务优质

产品与服务自身过硬的品质是形成好口碑的坚实基础。口碑营销能做的，是借助口碑营销这种方式和手段来帮助优质的产品或服务加速好口碑的传播和形成，而不是捏造口碑，更不是为劣质产品撒谎吹嘘。

2．讲究道德与诚信

讲究道德与诚信是企业口碑营销的前提。企业必须保证自己宣传的客观性和真实性，不能虚假或过分夸大自己的产品和服务。否则，很可能带来负面的口碑传播。如有的企业用所谓的"实际效果"来宣传，请了许多名人，却丝毫没有"名人效应"，请了许多顾客"现身说法"，却给人以"托"的嫌疑。相反，有的企业在宣传的过程中对自己产品的缺点毫不避讳，实事求是地宣传产品的功能，却能赢得顾客的信任，带来良好的口碑。

3．信息简单有趣

口碑传播的信息首先必须要有趣，要能让人开心、兴奋与激动；其次必须是简单的，只有简单有趣的信息，大家才愿意分享，口碑传播才能发挥它的作用。

10.2.2 口碑营销的方法

1．寻找意见领袖

意见领袖是一个小圈子内的权威，在这个小圈子内他的观点能得到拥护并广为接受，他的消费行为能为粉丝所模仿。在互联网时代，每个人都可能是一个小圈子里的意见领袖，企业营销人员必须要慧眼识珠，找到这些意见领袖。如倘若你是销售计算机的，那么邀请计算机专业媒体的记者来"试驾"一番，通过他们的生花妙笔来传播产品信息，便可以较高的可信度征服消费者；如果产品的消费人群主要是青年学生，那么找到学习成绩优异的学生或者班长、班主任来体验你的产品，提供传播渠道帮助他们发布自己的使用心得与体会。

案例 10-3　褚橙——一颗互联网的橙子

自 2012 年褚橙正式在"本来生活网"开卖以来，"本来生活网"已与褚氏农业合作十余年。多年来，"本来生活网"一直积极运用中心仓供应链质量管理经验，不断升级褚橙销售服务保障，助力褚橙品质；另外，"本来生活网"也在品牌营销等方面充分发挥自身优势，全方位深度参与褚橙品牌建设与升级。

每年，"本来生活网"为褚橙上市销售策划全时段整体营销方案，汇集全平台资源，为"褚橙"品牌在新潮流、新趋势下持续输出注入动能与活力。从二者合作以来，"本来生活网"每年都倾力投入褚橙品牌打造中。在丰富的线上营销推广活动之外，"本来生活网"将陆续在全国范围内举办褚橙品鉴发布会，让更多人现场品尝到新鲜褚橙的清甜，线上线下全面加持褚橙热度。

二十年甜蜜酝酿，一个小小的褚橙呈现了巨大的力量。它不仅成为影响中国农业的标杆品牌，它的故事还激励着不同年龄、不同领域的人们去奋斗、去创造。

2. 制造口碑话题

口碑营销中的"话题"，不一定是关于产品本身的信息，但基于产品本身的口碑就要求企业的产品要有足够的话题附着力（即产品有足够的能让消费者进行口碑传播的信息），这样才容易引爆流行，掀起一场口碑营销风暴。

案例 10-4　小米 MIUI 口碑营销的关键点

在传播中，要懂得把好产品输出成精彩的故事和话题！小米 MIUI（手机操作系统）口碑最初建立时，有三个关键点十分重要，这些节点是口碑传播的"故事和话题"。

"快"是第一个口碑关键点。小米公司从深度定制安卓手机系统开始入手，当时 MIUI 主要是做刷机 ROM。表面看，用户是在使用手机硬件，但实际上绝大部分的操控体验本质上还是来自于软件。当时很多刷机软件都是个人和一些小团队做的，他们都没有足够的实力或持续的精力来真正做好底层的优化。小米一上来抓住"快"，优化整个桌面的动画帧速，从每秒 30 帧到 40 帧到 60 帧，让指尖在屏幕滑动有丝般流畅感；逐个优化主要用户痛点，把打电话、发短信的模块优化得体验更好、速度更快，比如给常用联系人发短信，一般系统要 3~5 步，小米手机只需两步。

> "好看"是第二个口碑关键点。当时,安卓系统的原生界面不是特别美观,而MIUI的主题做到了可编程的地步,如果用户有一定的编程能力,主题可以做得千姿百态。MIUI在手机主题这个点的产品设计上,论开放性和深度,是整个安卓体系中做得最出色的。
>
> "开放"是第三个口碑关键点。小米允许用户重新编译定制MIUI系统,让众多国内外的用户参与进来,他们自己发布了MIUI的各种版本。这种开放策略吸引了国内外很多发烧友用户去深度传播MIUI,形成了良好的口碑,为小米积攒了一大批品牌忠诚用户。

3. 整合营销传播

传播技术的进步让消费者从获取消费信息到最后形成购买决策的整个过程发生了变化。互联网为消费者的口碑传播提供了便利和无限时空,如果消费者关注某个产品,对它有兴趣,一般就会到网上搜索有关这个产品的各类信息,经过自己的一番去伪存真、比较分析后,随即进入购买决策和产品体验分享过程。

在这一过程中,可信度高的口碑在消费者购买决策中起到关键作用,这在一定程度上弥补了传统营销传播方式在促进消费者形成购买决策方面能力不足的"短板"。然而,要让众多消费者关注某个产品,传统广告的威力依然巨大。因此,口碑营销必须辅之以广告、辅助材料、直复营销、公关等多种整合营销方式,相互取长补短,发挥协同效应,才能使传播效果最大化。

4. 实施奖励计划

口碑营销者可以采用给消费者优惠券、代金券、折扣等各种各样的消费奖励方法,鼓励和激励消费者帮助企业完成一次口碑传播过程,这样企业的口碑营销进程就会因此大大提速。

5. 倾听消费者心声

消费者的心声、消费者的意见与建议是企业口碑营销不得不考虑的一个重要因素。口碑营销人员应开通企业博客、品牌虚拟社区,及时发布品牌信息,收集消费者的口碑信息,找到产品服务的不足之处,处理消费者的投诉,降低消费者的抱怨,回答消费者的问题,引导消费者口碑向好的方向传播。

6. 关注每个细节

影响消费者口碑的有时不是产品的主体,而是一些不太引人注目的"零部件",如计算机的鼠标、维修服务的一句话等,这些"微不足道"的错误却能够引起消费者的反感。更重要的是对于这些反感,品牌企业却不易听到,难以迅速彻底改进。

企业要想赢得良好口碑，必须对各项基础工作做得非常细致到位并持之以恒，只有产品和服务水平超过顾客的期望，才能得到他们的推荐和宣传。而那些领先于竞争对手或别出心裁的服务和举措，更会让消费者一边体验快乐地享受，一边绘声绘色地传播。

10.2.3 口碑营销的程序

1. 鼓动

对于赶潮流者以及产品消费的主流人群，应使他们最先体验产品的可靠性、优越性，他们会第一时间向周围的朋友传播产品本身的质地、原料和功效，或者把生产企业、商家的周到服务感受告诉身边的人，以便引发别人跟着去关注这个新产品或新业务。

2. 价值

对消费者有价值是产品在市场上稳住脚跟的通行证，消费者所"口碑"的也一定是自己值得信赖的有价值的东西。任何一家希望通过口碑传播来实现品牌提升的企业必须设法精心修饰产品，提高健全、高效的服务价值理念以便达到口碑营销的最佳效果。

3. 回报

当消费者通过媒介、口碑获得产品信息并购买时，他们希望得到相应的回报。此时如果企业提供的产品或服务能让消费者真真切切地感到物超所值，那么企业就能顺利、快速地将其产品或服务理念推广到市场，从而实现低成本获利的目标。

10.3 信息产品体验营销

10.3.1 体验营销的概念

体验营销，是指通过看（See）、听（Hear）、用（Use）、参与（Participate）等手段，充分刺激和调动消费者的感官（Sense）、情感（Feel）、思考（Think）、行动（Act）、关联（Relate）等感性因素和理性因素，从而促进产品销售的一种营销方法。这种营销方法认为消费者在消费时是理性与感性兼具的，消费者在消费前、消费中和消费后的体验是购买行为与品牌经营的关键。

微课 10
体验营销的概念

体验营销在信息产品营销中得以普遍应用，也是一种有效的应用方法。一些大企业，如海尔集团、联想集团、清华同方等正大力倡导和推进体验营销来塑造企业品牌，这些知名企业开展体验营销已取得了一定的成绩。

10.3.2 体验营销的方法

1．感官体验

感官体验，即知觉体验，是指将视觉、听觉、触觉、味觉与嗅觉等知觉器官应用在体验营销上的体验方式。感官体验可以增强对公司和产品的识别、引发消费者购买动机和增加产品的附加价值等。

2．思维体验

思维体验，是指以创意的方式引起消费者的惊奇、兴趣，对问题进行集中或分散的思考，为消费者创造认知和解决问题的体验方式。

3．行为体验

行为体验，是指通过增加消费者的身体体验，指出他们做事的替代方法、替代的生活形态与互动，丰富消费者的生活，从而使消费者被激发或自发地改变生活形态的体验方式。

4．情感体验

情感体验，是指体现消费者内在的感情与情绪，使消费者在消费中感受到各种情感，如亲情、友情和爱情等的体验方式。

5．相关体验

相关体验，是指通过体验，使消费者和一个较广泛的社会系统产生关联，从而建立对某种品牌的偏好，同时让使用该品牌的消费者进而形成一个群体的体验方式。

10.3.3 体验营销实施模式

体验营销的目的在于促进产品销售，通过研究消费者状况，利用传统文化、现代科技、艺术和大自然等手段来增加产品的体验内涵，在给消费者心灵带来强烈的震撼时促成销售。

体验营销的实施模式主要有：

1．节日模式

每个民族都有自己的传统节日，传统的节日观念对人们的消费行为起着无形的影响。这些节日在丰富人们精神生活的同时，也深刻影响着消费行为的变化。随着我国的节假日不断增多，出现了新的消费现象——"假日消费"，企业应充分利用好这种"假日消费"，突出产品体验，提升产品的销售量。

2．感情模式

感情模式是通过寻找消费活动中导致消费者情感变化的因素，掌握消费态度形成规律以及有效的营销心理方法，以激发消费者积极的情感，促进营销活动顺利进行。

3．文化模式

利用一种传统文化或一种现代文化，使企业的产品或服务与消费者的消费心理形成一种社会文化气氛，从而有效地影响消费者的消费观念，进而促使消费者自觉地接近与文化相关的产品或服务，促进消费行为的发生，甚至形成一种消费习惯和传统。

4．美化模式

由于每个消费者的生活环境与背景不同，对于美的要求也不同，这种不同的要求也反映在消费行为中。人们在消费行为中求美的动机主要有两种表现：一是产品能为消费者创造出美和美感；二是产品本身存在客观的美的价值。这类美的产品能给消费者带来美的享受和愉悦，使消费者体验到了美感，满足了对美的需要。

5．服务模式

好的服务可以赢得广大消费者的心，取得他们的信任，同样也可以促进产品的销售。

6．环境模式

消费者在感觉良好的听、看、嗅过程中，容易产生喜欢的特殊感觉。因此，良好的购物环境，不但迎合了现代人文化消费的需求，也提高了商品与服务的外在质量和主观质量，还使商品与服务的形象更加完美。

7．个性模式

为了满足消费者个性化需求，企业可以开辟出一条富有创意的双向沟通的销售渠道。在掌握消费者忠诚度之余，满足了消费大众参与的成就感，同时也增进了产品的销售。

8．多元化模式

销售环境舒适典雅，设有现代化设备，而且集购物、娱乐、休闲为一体，使消费者在购物过程中也可娱乐休息，同时也使消费者自然而然地进行了心理调节，从而创造更多的销售机会。

10.3.4 体验营销的实施对策

1. 树立"顾客导向"的全面体验营销观念

顾客是企业最重要的资源，所有其他要素存在的意义就在于支持和保留企业的顾客。如何维持企业现有规模，增加客户的保留度；如何拓展企业发展空间，发现和挖掘潜在客户，提高顾客满意度便成了当前新经济下一个亟待解决的问题。诞生于体验经济，以"顾客导向"为中心的全面体验营销便是一剂新开的良药，这也是我国市场经济发展的必然要求。

2. 充分利用现代计算机网络手段，实现体验营销的网络化

现代网络通信技术一日千里和生产技术的电子化、自动化、机械化，为体验营销的推行提供了良好的平台。借助现代计算机网络技术，可以大大提高消费者体验的参与度。从戴尔公司的直复营销为终端消费者提供个性化、人性化的网上订制服务到杰克·韦尔奇的"无边界管理"无不体现了"沟通零距离"的企业、顾客互动的体验营销新景观。企业应充分利用现代网络技术所提供的高便捷手段，建立顾客与消费者之间的网络系统。

3. 灵活运用体验营销的不同策略组合

当前体验营销已经引起越来越多的企业关注和重视。伴随体验经济的发展，体验营销必将成为21世纪营销发展的必然趋势，成为企业参与竞争的有利武器。企业实施体验营销应在不同阶段、不同时期实施多种不同的策略组合，如：挖掘品牌核心价值，获取高溢价能力；制定体验价格；整合多种感官刺激，创造终端体验；充分利用纪念品，开展体验促销等。

10.4 信息企业客户服务

10.4.1 信息企业客户分类与分析

1. 信息企业客户分类

1）按客户的性质分类，客户可分为政府机构、特殊公司、普通公司和个人顾客等。

2）按交易过程分类，客户可分为曾经有过交易业务、正在进行交易、即将进行交易的客户。

3）按时间序列分类，客户可分为老客户、新客户、潜在客户。

4）按交易数量和市场地位分类，客户可分为主力客户（交易时间长、交易量大的客户）、一般客户、零散客户。

2. 信息企业客户分析

1）客户构成分析，主要是运用 ABC 分析法将客户分为三类。A 类占累计销售额的 80% 左右，B 类占 15% 左右，C 类占 5% 左右。

2）客户与本公司交易业绩分析，主要是分析客户与本公司交易情况，掌握各客户的月交易额和年交易额。

3）客户信用调查分析，主要是调查了解客户的信用状况，根据其信用程度的高低来确定客户的信用限度，即信贷额度。

4）不同商品的销售构成分析，主要是分析各种商品销售额的比例构成，以检查是否完成企业的商品销售任务和确定企业未来商品销售的重点。

5）不同商品利润率分析，主要是分析企业各种商品的利润率，以确定企业未来产品开发的重点和发展方向。

6）不同商品周转率分析，主要分析各种商品的周转率，以检查商品的周转状况，了解商品资金的回笼情况。

10.4.2 信息企业客户服务内容与原则

1. 信息企业客户服务内容

1）基础资料：主要包括客户名称、地址、电话，所有者、经营管理者、法人代表以及他们的性格、兴趣、爱好、家庭、学历、年龄、能力、创业时间、与本公司交易时间，企业组织形式、资产等（见表 10-1、表 10-2）。

表 10-1 消费者个人或家庭资料卡

姓名		性别		住址	
学历		年龄		婚否	
工作单位		职业		性格	
购买商品		购买日期		付款方式	
备注					

表 10-2　客户或组织资料卡

组织名称		营业地址	
企业性质		经营规模	
联系电话		付款方式	
日销售额		营业状况	
订购商品		信用等级	
交易日期		信用额度	
备注			

2）客户特征：主要包括服务区域、销售能力、发展潜力、经营观念、经营方向、经营政策、企业规模、经营特点等。

3）业务状况：主要包括销售实绩、经营管理者和业务人员的素质、与其他竞争者的关系、与本公司的业务关系及合作态度等。

4）交易现状：主要包括客户的销售活动现状、存在问题、保持优势、未来的对策、企业形象、声誉、信用状况等（见表 10-3）。

表 10-3　客户情况综合评价表

序　号	客户资料	评　语	存在问题	改进措施
1	客户的基本情况			
2	每次订购量			
3	订购频率			
4	占公司销售总额的比例			
5	销售费用水平			
6	货款回收情况			
7	客户对本公司的评价			
8	客户对销售业务的支持程度			
9	访问计划			
10	延迟的情况			

2．信息企业客户服务原则

1）动态管理。要求客户资料应不断加以调整，及时补充新的资料，保持动态性。

2）突出重点。要求透过客户资料找出重点客户（包括现有客户和未来、潜在客户）。

3）灵活运用。要求应以灵活方式及时全面地将客户资料提供给销售人员及其他有关人员，提高客户管理的效率。

4）专人负责。要求客户管理应确定具体的规定和办法，由专人负责，严格客户情报资料的利用和借阅。

10.4.3 信息企业客户投诉处理

1. 信息企业客户投诉内容

1)商品质量投诉:主要包括产品质量上有缺陷、产品规格不符、产品技术规格超过允许误差、产品故障等。

2)购销合同投诉:主要包括产品数量、等级、规格、交货时间、交货地点、结算方式、交易条件等与原购销合同规定不符。

3)货物运输投诉:主要包括货物在运输过程中发生损坏、丢失、变质,因包装或装卸不当造成损失等。

4)顾客服务投诉:主要包括对企业各类人员的服务质量、服务态度、服务方式、服务技巧等提出的批评与抱怨。

2. 信息企业客户投诉处理原则

1)有章可循。企业要有专门的制度和人员来管理客户投诉的问题,且必须要做好各种预防工作,使客户投诉防患于未然。

2)及时处理。对于客户的投诉,各部门应通力合作,迅速做出反应,力争在最短的时间内全面解决问题,给客户一个圆满的结果。

3)分清责任。分清责任,不仅要分清造成客户投诉的责任部门和责任人,而且要明确处理投诉的各部门和各类人员的具体责任与权限以及客户投诉得不到圆满解决的责任。

4)留档分析。对每一起客户投诉及其处理都要做出详细记录,包括投诉内容、处理过程、处理结果、客户满意度等。

3. 信息企业客户投诉处理流程

1)记录投诉内容。利用客户投诉记录表详细地记录客户投诉的全部内容,如投诉人、投诉时间、投诉对象、投诉要求等(见表10-4)。

表10-4 客户投诉登记表

投诉客户名称		地址		联系方式	
受理日期		受理编号			
客户要求					
受理单位意见	质量管理单位		受理单位	营业单位	其他单位

2）判定投诉是否成立。了解客户投诉的内容后，要判定客户投诉的理由是否充分、投诉要求是否合理；如投诉不成立，应以婉转的方式答复客户，取得客户的谅解，消除误会。

3）确定投诉处理责任部门。根据客户投诉的内容，确定相关的具体受理单位和受理负责人，如属于运输问题，交储运部门处理；属于质量问题，交质量管理部门处理等。

4）责任部门分析投诉原因。要查明客户投诉的具体原因及具体造成客户投诉的责任人。

5）提出处理方案。根据实际情况，参照客户投诉要求，提出解决投诉的具体方案，如退货、换货、维修、折价、赔偿等（见10-5）。

表 10-5 客户投诉处理表

受理投诉		投诉原因	处理经过	处理建议	
				对策	改进
编号					
内容					

6）提交主管领导批示。对于客户投诉问题，领导应予以高度重视，主管领导应对投诉的处理方案一一过目，及时做出批示。

7）实施处理方案。实施处理方案，处罚直接责任人，通知客户，并尽快地收集客户的反馈意见（见表10-6）。

表 10-6 客户投诉处理通知书

客户姓名或名称			
订单编号		问题发生单位	
订购日期		制造日期	
索赔数量		制单号码	
索赔金额		订购数量	
		处理期限	
发生原因及调查结果	客户要求 A 退货　B 退换　C 打折扣　D 更换　E 其他		
营业部观察结果			
处理及公司对策	公司对策实施要领		
	对策实施确认		

8）总结评价。对投诉处理过程进行总结与综合评价，吸取经验教训，提出改进对策，不断完善企业的经营管理和业务运作，以提高客户服务质量和服务水平，降低投诉率。

4. 信息企业客户投诉处理方法

1）鼓励顾客解释投诉问题。在有机会倾诉他们的委屈和愤怒之后，顾客往往会感觉好多了。因此，销售人员应让顾客充分地解释问题而不要打断他们。

2）获得和判断事实真相。销售人员必须谨慎地确定有关的事实信息，获得全面、客观的事实，以便能找出令人满意的解决方法。

3）提供解决办法。在倾听顾客意见，并从顾客的立场出发考察每一种因素之后，销售人员有责任采取行动和提出公平合理的最终解决办法。销售人员有责任解决问题，但不可做任何对公司形象有消极影响的评论，如指责运输部门、安装人员或公司其他人员等。

4）公平解决索赔。公司应提出一个公平合理的解决办法，解决方案的形式包括：①产品完全免费退换。②产品完全退换，顾客只支付劳动力和运输费用。③产品完全退换，由顾客和公司共同承担相关费用。④产品完全退换，由顾客按折扣价格支付。⑤产品送往公司的工厂再作决定。⑥顾客承担维修费用。⑦顾客向第三方索赔。

5）建议推销。建议推销是指建议顾客购买与主要产品相关的其他产品或服务的过程。只有当销售人员感到附加产品项目能够增强顾客的满意水平时，才进行建议推销。

6）建立商誉。商誉是顾客对销售人员、企业以及它的产品的一种积极的感情和态度。推销过程中的最终推动力，尤其是售后服务，应该是以良好的商誉为导向。

知识训练

一、填空题

1. 顾客满意要建立的是企业形象，是企业为顾客服务，使顾客感到满意的系统。企业实施顾客满意的营销战略，主要包括：_____、_____、进行顾客满意观念的教育、建立顾客满意分析方法体系。

2. 顾客忠诚，是顾客满意的行为化，是指顾客对某一企业、某一品牌的产品或服务的认同与信赖。顾客忠诚的层次包括_____、_____、行为忠诚。

3. 服务质量，是指信息企业的服务工作能够满足_____的能力或指服务实绩符合_____的程度。

4. 口碑营销是企业让人们通过口碑了解产品，树立品牌，加强市场认知度，最终达到企业销售产品和提供服务的目的。口碑营销的基本要素一般包括产品与服务优质、_____、_____。

5. 服务质量的改进方法之蓝图技巧是指企业借助_____的方法分析服务流程的各个方面，鉴别顾客同服务人员的_____，并从这些接触点出发来改进企业服务质量的方法。

二、判断题

1. 服务质量，一般来说是一个客观范畴，它取决于顾客把感受的服务与预期的服务（由过去的感受、口碑和服务企业的广告所形成的）进行比较。（   ）

2. 一般来说，消费者对企业的产品或品牌予以关注的程度越低，表明其忠诚度越高。（   ）

3. 影响消费者口碑的有时不是产品的主体，而是一些不太引人注目的"零部件"，这表明企业在开展口碑营销时必须关注每个细节。（   ）

4. 合作营销，是指信息技术企业之间通过建立长期稳定的合作关系，从而达到共同提高其收益，扩大市场占有率等营销目标的营销活动。（   ）

5. 在倾听顾客意见，并从顾客的立场出发考察每一种因素之后，销售人员有责任采取行动和提出公平合理的最终解决办法。（   ）

三、选择题

1. 服务的提供与其消费对象紧密相连，即营销服务的生产过程与消费过程是同时同地进行，营销服务人员提供营销服务的同时，也就是消费者消费营销服务之时，这体现了服务的（   ）。

　　A. 无形性　　　　B. 不可分割性　　　C. 可变性　　　　D. 不可储存性

2. 要求客户资料应不断加以调整，及时补充新的资料，保持动态性，这是信息企业客户服务（   ）原则的要求。

　　A. 动态管理　　　B. 突出重点　　　　C. 灵活运用　　　D. 专人负责

3. 企业要有专门的制度和人员来管理客户投诉的问题，且必须要做好各种预防工作，使客户投诉防患于未然，这体现了信息企业客户投诉处理的（   ）原则。

　　A. 及时处理　　　B. 分清责任　　　　C. 有章可循　　　D. 留档分析

4. 基于企业提供的产品或服务成为顾客不可或缺的需要和享受而形成的顾客忠诚，是指（   ）。

　　A. 情感忠诚　　　B. 理智忠诚　　　　C. 认知忠诚　　　D. 行为忠诚

5. 企业将自己的产品、服务和市场营销过程等同市场上的竞争对手,尤其是最强的竞争对手的标准相比较,在比较和检验的过程中寻找自己的差距,从而提高自身服务的水平的服务质量改进方法,称为( )。

A. 标准跟进　　　B. 服务蓝图　　　C. 服务保证　　　D. 合作服务

技能训练

信息产品三包协议书写作

▶ 案例背景

广东省联华计算机有限公司计算机产品三包服务的有关规定:

1)退换货服务:自售出之日起七日内出现故障免费退货;八至十五日内出现故障免费修理或更换;整机一年内,经两次维修之后仍不能正常使用可免费更换。

2)零部件保修服务:联华计算机实行全国联保,三年有限保修。顾客在全国任何一家联华计算机公司授权服务机构都可以获得公司提供的优质服务。

主机主要部件、主板自购机之日起三年内提供送修服务;CPU、内存、显示屏、硬盘驱动器、键盘、电源适配器自购机之日起两年内提供送修服务;数码驱动器、鼠标、手写板、UPS电源、调制解调器自购机之日起一年内提供送修服务;预装软件自购买之日起一年内提供送修服务;随机软件自购买之日起三个月内提供送修服务。(注:主要部件是指电脑主板及与主板不可分割的部件)

3)服务监督方式:为了向顾客提供更周到、更令人满意的服务,联华计算机欢迎顾客的监督和批评。公司将主动回访以及时了解顾客的意见,迅速改变服务的不足之处。同时公司还设立了由专人负责的服务监督电话及信箱。顾客有三种方式与公司联系:

服务热线电话:0755-62686861/62686862

电子信箱:service@lhcomputer.com.cn

或来信寄至:广东省深圳市深南大道1002号　联华计算机有限公司客户服务部

试根据以上背景资料,为广东省联华计算机有限公司的计算机产品设计一份三包服务协议书。

▶ 目的要求

1)能认识并实现组织分工与团队合作;

2)能撰写出符合格式要求的信息产品三包协议书;

3)能整理总结出信息产品三包协议书写作课题分析报告;

4）能清晰地口头表达出信息产品三包协议书写作实训心得。

▶ 训练指导

1）组建实训课题小组：将教学班学生按每小组6～8人的标准划分成若干课题小组，每个小组指定或推选出一名小组长。

2）确定实训小组课题：每个小组根据信息产品三包协议书写作背景资料的要求，完成一份信息产品三包协议书的写作。

3）实施写作课题研究：各小组长根据信息产品三包协议书写作的计划，调配资源，明确各组员的任务，并督促大家有效地完成任务，包括信息产品三包协议书的草拟、修改和定稿，信息产品三包协议书写作课题分析报告的撰写、打印，以及小组的发言等。

4）撰写实训课题报告：每个小组完成一份信息产品三包协议书写作的课题分析报告。

5）陈述写作实训心得：由各个小组推荐的发言人或小组长代表本小组陈述本小组实训课题分析报告和实训心得。